29.80

Ulrike Dahm / Erich Keller

Sei Dein bester Freund
Wegweiser zur Selbstliebe

Ulrike Dahm / Erich Keller

Sei Dein bester Freund

Wegweiser zur Selbstliebe

Fischer-Verlag, Münsingen-Bern

Umschlagbild von Jim Dine «Pleasure Palette» (Ausschnitt)

Umschlaggestaltung von Volker Dübener, Zäziwil

ISBN 3-85681-283-0

Inhaltsverzeichnis

Einführung

Du bist der einzige Mensch, der vierundzwanzig Stunden am Tag mit Dir zusammen ist. Kein anderer verbringt soviel Zeit mit Dir und ist Dir dabei so nah. Niemand hat soviel Einfluß auf Dein Leben wie Du selbst. Du hast die Wahl, ob Du Dein bester Freund oder Dein ärgster Feind bist. Die Auswirkungen auf Dein gesamtes Denken, Fühlen und Handeln sind umfassender, als Du vielleicht ahnen magst.
Eine alltägliche Begebenheit zur Verdeutlichung:

Claudia verläßt ihre Wohnung hastig, denn sie hat sich an diesem Morgen verspätet. Sie hat den Wecker überhört, und in ihrer Eile konnte sie nicht einmal ihren Tee trinken.
Im Büro hat sie kurz vor der Mittagspause eine unangenehme Begegnung mit ihrem Abteilungsleiter. Er wirft ihr aufgebracht vor, am Vortag ein wichtiges Angebot mit falschen Preisen geschrieben zu haben. Claudia ist sprachlos und fühlt sich zu Unrecht gemaßregelt. Schließlich hat er ihr die Zahlen genannt. Doch sie schluckt ihre Empörung hinunter und schweigt kleinlaut, denn sie weiß, daß eine Reorganisation der Firma bevorsteht, die Entlassungen in ihrer Abteilung zur Folge haben kann.
Beim Mittagessen in der Kantine ist ihr Magen vor Ärger so verkrampft, daß sie nichts essen kann.
Als sie am Abend nach Hause kommt, ist ihr übel. Bald trifft ihr Mann ein. Er entschuldigt sich, dass er vergessen hat, ihre Bluse aus der Reinigung abzuholen. Da platzt Claudia der Kragen. Sie beschimpft ihn der Gedankenlosigkeit und wirft ihm vor, er kümmere sich nicht um ihre Bedürfnisse. Er ist durch die Härte ihres Tones verwirrt und weist die Anschuldigungen mit der beschwichtigenden Bemerkung, sie habe schließlich noch mehr Kleider, zurück. Das verstärkt Claudias Ärger, und innerhalb kürzester Zeit sind beide mitten in einem lautstarken Streit . . .

Was ist geschehen? Bei genauerem Hinschauen stellen wir fest: Claudia konnte nicht zu ihrer Empörung stehen, nahm ihre Angst nicht wahr, ärgerte sich über sich selbst, weil sie

nicht ehrlich war, und richtete ihren Ärger später auf ihren Mann.
Wie schön wäre es doch, wenn wir unsere Gefühle und Bedürfnisse direkter wahrnehmen, akzeptieren und unmittelbar äußern könnten, anstatt sie zu verschieben, zu verdrängen und wenn überhaupt, dann später verfälscht und deplaziert auszuleben! Wieviel wäre Claudia (und ihrem Mann) erspart geblieben, hätte sie ihre Gefühle ernst genommen und ihrer Empörung angstfrei Raum gegeben!
Dein Entschluß, in dieses Buch zu schauen, mag heißen, daß es mit Deiner Selbstliebe nicht zum Besten steht. Vielleicht möchtest Du Dich einmal mehr um Dich kümmern statt um andere. Wundere Dich über vieles, was Du später in diesem Buch liest. Werde nachdenklich, zweifle, lasse Dich überraschen, wenn Du Dich an vielen Stellen wiederfindest. Auch wir waren erstaunt, was wir in uns entdeckten, als wir uns intensiver mit unserer Selbstliebe beschäftigten.

Wir haben alle die Tendenz, die Verantwortung für unser Befinden an andere Menschen oder äußere Umstände abzugeben. Es ist bequemer, die Feindbilder im Außen zu suchen, wenn wir uns einsam, unglücklich, unzufrieden, schwach und klein fühlen.

Wir haben alle die Tendenz, die Verantwortung für unser Befinden an andere Menschen oder äußere Umstände abzugeben. Sie sollen die Ursache für unser Mißgeschick und die Freu(n)dlosigkeit auf dieser Welt sein. Es ist bequemer, die Feindbilder im Außen zu suchen, wenn wir uns einsam, unglücklich, unzufrieden, schwach und klein fühlen.
Die anderen sind: Dein Mann, Deine Frau, Dein Freund, Deine Partnerin, die Ausländer, die Reichen, die Armen, Deine Vorgesetzten, die Polizei, das Finanzamt, die Regierung, der Staat, Deine Erbanlagen, die Eltern, Gott und die Welt, das Wetter – der ganze Kosmos ist schuld und gegen Dich. Dir mögen jetzt schon Zweifel kommen, daß dem so ist.
Die Augen zudrücken, nicht hinhören, nichts spüren und abwehren ist eine einfache Lösung. Doch tief drinnen wissen wir alle, daß wir uns ein schlechtes Theater vorspielen. Schauen wir uns ehrlich an und um auf dieser Welt, können wir nur zu einem Schluß kommen: So kann es nicht weitergehen.
Alle subtilen, verbalen und tätlichen Feindseligkeiten, Unruhen und Kriege, im kleinen wie im großen, sind ein Ausdruck des Selbsthasses, den wir auf andere übertragen. So

werden wir niemals Frieden, weder innen noch außen, finden.
Ein Hauptmerkmal der heutigen Zeit ist eine schnelle und drastische Veränderung der Lebensumstände, der Umwelt und der zwischenmenschlichen Beziehungen. Wir werden ständig mehr Menschen, die auf einem immer kleiner werdenden freien Raum zusammenleben. Unsere modernen Kommunikationsmittel verbinden uns alle zu jeder beliebigen Zeit miteinander. Die Medien informieren uns über Geschehnisse selbst im entferntesten Winkel dieses Planeten. Konnten wir früher glauben, Menschen in einem anderen Land oder Kontinent seien völlig anders als wir, so wird uns heute klar: Wir sind uns alle in unseren Grundzügen, in unseren Ängsten, Bedürfnissen und Verhaltensweisen sehr ähnlich. Die alten Feindbilder funktionieren nicht mehr. So sehr sind wir bemüht gewesen, in den anderen bei Konflikten die Bösen, die Verursacher oder die Schuldigen zu sehen. Erfolgreich hat man uns lange dazu erzogen, so zu denken und zu fühlen.
Anstatt auf eine Änderung bei den anderen Menschen zu warten und an ihr Verständnis zu appellieren, kannst Du bei DIR anfangen, indem Du Verantwortung für Dein Denken, Fühlen und Handeln übernimmst. Gibst Du Dir Liebe und behandelst Du Dich wie Deinen besten Freund, wirst Du nicht mehr ausschließlich die anderen zur Erfüllung Deiner Bedürfnisse brauchen und benutzen. Gibst Du Dir selbst Liebe, wird der andere Dein Freund, der sich Dir respektvoll nähert. Nur so kann der Zustand der gegenseitigen Schuldzuweisung beendet werden.

Anstatt auf eine Änderung im Außen zu warten, kannst Du bei Dir anfangen.

Vergiß zunächst einmal die anderen. Schaue wenigstens für die Zeit, da Du dieses Buch liest, einmal nach innen und beschäftige Dich mit DIR. Partner kommen und gehen. Parteien, Freundeskreise, Vereine, Kirchen und Staaten geben Dir nur eine scheinbare Sicherheit und bedenken Dich nur mit so viel Wärme, Freundschaft und Liebe, wie sie selbst haben oder für Ihren Selbstzweck notwendig ist. Zurück bleibst Du allein.
Unser Buch soll Dich aufrütteln. Es will nicht mit seichtem Positiv-Denken Deine Wunden verdecken, sondern sie durch wirkliches Hinschauen und Humor ans Licht bringen, damit sie heilen können. Das mag vielleicht nicht immer

angenehm für Dich sein. Doch nur die Wahrheit kann uns befreien und Selbstliebe bescheren.
Vielleicht erscheint Dir das alles zu komplex, zu schwierig, oder Du fühlst Dich schon zu alt, um noch einmal umzudenken. Möchtest Du nicht wenigstens einmal in Deinem Leben hinter Deine Fassade der Höflichkeit und Angepaßtheit schauen, Dich kennenlernen, akzeptieren und lieben, so wie Du bist? Kannst Du Dir vorstellen, wie sehr sich Dein Leben dadurch verändern wird?
Ein Teil Deiner Entdeckungsreise durch dieses Buch werden einige Listen sein. Wir empfehlen Dir, erst weiterzulesen, wenn Du sie ausgefüllt hast. Laß uns jetzt mit einem ehrlichen Blick auf Deine Selbstliebe beginnen.

Teil 1

Ein ehrlicher Blick auf unsere Selbstliebe

Was man so sagt

Als sie lachte,
sagte man ihr, sie sei kindisch.
Also machte sie fortan ein ernstes Gesicht.
Das Kind in ihr blieb,
aber es durfte nicht mehr lachen.

Als sie liebte,
sagte man ihr, sie sei zu romantisch.
Also lernte sie, sich realistischer zu zeigen.
Und verdrängte
so manche Liebe.

Als sie reden wollte,
sagte man ihr, darüber spreche man nicht.
Also lernte sie zu schweigen.
Die Fragen, die in ihr brannten,
blieben ohne Antwort.

Als sie weinte,
sagte man ihr, sie sei einfach zu weich.
Also lernte sie, die Tränen zu unterdrücken.
Sie weinte zwar nicht mehr,
doch hart wurde sie nicht.

Als sie schrie,
sagte man ihr, sie sei hysterisch.
Also lernte sie, nur noch zu schreien,
wenn es niemand hören konnte,
oder sie schrie lautlos in sich hinein.

Als sie zu trinken begann,
sagte man ihr, das löse ihre Probleme nicht.
Sie solle eine Entziehungskur machen.
Es war ihr egal, weil ihr
schon so viel entzogen worden war.

Als sie wieder draußen war,
sagte man, sie könne jetzt von vorne anfangen.
Also tat sie, als begänne ein neues Leben.
Aber wirklich leben konnte sie nicht mehr,
sie hatte es verlernt.

Kristiane Allert-Wybranietz

Kapitel 1

Selbsthaß und Feindbilder

Wenn Du Dir Dein Leben, Deine Gedanken und Handlungen einmal ohne zu beschönigen betrachtest, stellst Du fest: Ich bin häufig mein ärgster Feind. Das mag Dir auf den ersten Blick als hart und für Dich unzutreffend erscheinen. Tatsache ist, daß Du häufig (meist unbewußt) Dinge tust, die Dir emotional und körperlich schaden. Selbsthaß muß nicht heißen, daß Du Dich tatsächlich masochistisch quälst oder geißelst. Er versteckt sich in vielen kleinen alltäglichen Gewohnheiten, die wir liebgewonnen haben:

- *der überkritische Blick in den Spiegel (mein Gott, wie sehe ich heute wieder aus, so kann ich nicht unter die Leute gehen . . .).*
- *die Hetze und Hektik (schnell zur Arbeit, kurz einmal etwas essen oder einkaufen . . .).*
- *die ständige Jagd nach einem Ideal (mein Busen ist nicht groß genug, ich muß meine Eifersucht loswerden, ich bin nicht gut genug . . .).*
- *das kleinlaute Schweigen oder das Beleidigtsein, wenn Dich jemand verletzt oder erniedrigt hat (warum lasse ich mir das immer wieder gefallen . . .).*
- *die Unterwürfigkeit bei Behörden, Ämtern und Gesetzeshütern (was soll ich machen, gegen die habe ich doch keine Chance . . .).*
- *das Stöhnen über Dinge, die Du ständig machst, aber eigentlich keine Lust dazu hast (immer bin ich für alles verantwortlich . . .).*
- *die Höflichkeit, wenn Dir nach Schreien ist (ich hasse es, wenn mir jemand den Einkaufswagen von hinten in die Kniekehle drückt, lächle verständnisvoll . . .).*
- *das Ableugnen, wenn jemand eine Schwäche bei Dir entdeckt (was, ich soll ängstlich sein, niemals . . .).*

- *die Zigarette und andere sanfte Drogen zur «wohlverdienten» Entspannung oder Beruhigung (endlich mal eine ruhige Minute, auf Kosten der Lunge ...).*
- *und vieles mehr ...*

Du siehst: Viele Verhaltensweisen sind Dir so selbstverständlich geworden, daß Du nur mühsam und selten erkennst, daß sich dahinter Selbstablehnung und -haß verbergen. Aber Du wirst wohl bereits jetzt nachvollziehen können, daß Du Dir damit Schmerzen auf körperlicher und emotionaler Ebene zufügst.

Wir scheinen gelernt zu haben: Liebe Deinen Nächsten, nur nicht Dich selbst!

Wir scheinen gelernt zu haben: Liebe Deinen Nächsten, nur nicht Dich selbst! Liebe Eltern, Kinder, Geschwister, Nachbarn, Verwandte, Vaterland, Freunde, Feinde, Ausländer, Arme, Behinderte, Kranke, Dein Haus, Auto, Bankkonto, Tiere, Umwelt, Natur – aber Himmels willen nicht Dich selbst! Dann heißt es von Dir: Du bist egoistisch, selbstsüchtig, bist nur auf Dein Wohlergehen bedacht, kümmerst Dich nicht um die anderen.
Wie kommt es nur, daß wir den zweiten Teil der Aufforderung Jesus' «Liebe Deinen Nächsten – WIE DICH SELBST» unterschlagen haben? Was ist denn so Gefährliches oder Negatives an dieser Selbstliebe, daß die christliche Kirche sie so elegant unterschlägt oder gar wie den Teufel in uns betrachtet? Hat sie etwa einen Nutzen davon, hast DU vielleicht auch etwas davon, was Dir nicht bewußt ist? (Vorab dies: Beide profitieren, sonst würden sie es nicht tun – so selbstlos ist niemand.) Wenn Dir eine Verhaltensweise ausschließlich schaden würde, hättest Du doch schon längst eine andere, angemessenere entwickelt.
Vielleicht wendest Du jetzt ein, daß Du «eigentlich» ganz zufrieden mit Dir bist und zu dem stehst, was Du tust und wie Du es tust. Das Wort «eigentlich» drückt Deinen einschränkenden Zweifel aus. Wenn Du von Dir behauptest, daß Du Dich ganz gerne magst, heißt das noch lange nicht, daß Du Dich liebst. Versuche doch einmal zu sagen: «Ich liebe mich!» Sprich es jetzt laut aus. Wie klingt das für Dich? So zärtlich oder mit der gleichen Überzeugungskraft wie wenn Du es zu einem geliebten Menschen sagst?
Dein schlauer Verstand mag 1 000 Einwände finden, daß Du nicht zu denen gehörst, die sich nicht lieben. Schließlich hast

Du Dir ein recht konfliktfreies, angenehmes Leben geschaffen:

- *Du bist immer auf Deinen Vorteil bedacht.*
- *Du schaust, daß Dir nichts unplanmäßiges passiert.*
- *Du wählst immer den bequemeren und risikoarmen Weg.*
- *Emotional bist Du völlig ausgeglichen.*
- *Du versicherst Dich rundum, so daß Dir keine Gefahr etwas anhaben kann.*
- *Du ißt nur das Beste aus dem Feinkostladen.*
- *Deine Urlaube führen Dich nur zu den schönsten Plätzen.*
- *Du kleidest Dich immer der Situation angemessen und nach der neuesten Mode.*
- *Dein Auto ist eines der schönsten und verfügt über alle Extras.*
- *Dein Hund ist edel und teuer.*
- *Du hast alle Situationen im Griff.*
- *Du bist immer höflich.*
- *Du läßt Dich niemals zu einer spontanen Handlung oder Äußerung hinreißen.*
- *Du lächelst immerzu.*
- *Konflikte löst Du mit Kompromissen.*

Es ist Dir wohl klar, daß vorgenannte Dinge mit Selbstliebe aber auch gar nichts zu tun haben müssen. Die Selbstliebe, von der wir reden wollen, ist nicht laut, extrovertiert und braucht keine besonderen Statussymbole, Exklusivität oder Außergewöhnlichkeit. Kann es sein, daß Du äußere Dinge brauchst, um Deine mangelnde Selbstliebe und Dein schwaches Selbstwertgefühl zu überdecken? Selbstliebe muß auch nicht heißen, daß Du immer den bequemsten, sichersten Weg gehst, Dich anpaßt und den Erwartungen anderer entsprichst.
Kann es sein, daß Du Dich leer fühlst, weil keine Liebe und Zufriedenheit in Dir wohnt? Schauen wir uns jetzt an, wie es dazu kommen konnte, daß Du *verlernt* hast, Dir selbst die Liebe zu geben, die Du brauchst.

Entstehung

Gehen wir dazu zurück in unsere Kindheit. Damals lagen die Dinge etwas anders. Traten wir als Kinder nicht der Welt völlig unbefangen und neugierig entgegen? Wir waren offen, unschuldig, ohne Urteile, Maßstäbe, Regeln. Wir hatten ein intuitives Gefühl für Echtheit und plapperten unbefangen heraus, was uns in den Sinn kam. Höflichkeit war ein Fremdwort für uns. So heuchelten wir nicht Dankbarkeit, wenn uns ein Geschenk nicht gefiel, aßen nicht, was uns nicht schmeckte, weinten, wenn uns etwas oder jemand weh tat, lachten laut, wenn wir uns freuten, rannten, wenn uns nach rennen zumute war. Wurden wir von unseren Eltern gerügt oder bestraft, wußten wir oft nicht, was wir eigentlich «falsch» gemacht hatten. Noch viel mehr verwirrte uns, wenn die Eltern den Verwandten und Nachbarn schmeichelten und hinter ihrem Rücken schlecht über sie sprachen. Wie konnte es passieren, daß aus lebendigen, spontanen Kindern solch trockene, gefühlsarme Erwachsene wurden?

Als Kinder waren wir völlig abhängig von der Zuwendung und Liebe unserer Eltern, sicherten sie doch unser Überleben.

Als Kinder waren wir völlig abhängig von der Zuwendung und Liebe unserer Eltern, sicherten sie doch unser Überleben. (Eine unangreifbare Machtstellung der Eltern und eine schmerzhafte Abhängigkeit des Kindes.) Sie waren die Menschen, die wir liebten. Schnell lernten wir, daß ihre Meinung mehr als die unsere zählte. Wir übernahmen ihre Werte. Wir hatten keine andere Wahl, auch wenn sie uns als Lüge erschienen. Der Nährboden für erste Zweifel und Selbstverleugnung war gelegt. Wir lernten unsere Intuition und Instinkte zu unterdrücken und befahlen sie in eine dunkle, ferne Ecke unseres Wesens. Dort sitzen sie nun und rufen immer seltener nach Erhörung und Erfüllung.

Unsere Lebendigkeit und (Lebens-)Lust mußten wir verdrängen. Wo dürfen Kinder laut und lebendig sein? Überall treffen sie auf Reglementierungen. *(Spielen im Hof verboten. Jetzt werden erst Hausaufgaben gemacht. Betreten des Rasens verboten . . .)*

Eltern wollen nur äußerst selten unbequeme, selbständig denkende und handelnde oder gar rebellierende Kinder. Sie würden ja ihre eigenen Verhaltens- und Denkweisen in Frage stellen müssen *(Es kann doch gar nicht sein, daß ein Kind etwas besser weiß! Doch wenn wir genau hinhören, sagen uns Kinder oftmals die tiefsten Weisheiten.)* Eltern vergeben ihr Lob für Anpassung, Gehorsam und Kritiklosigkeit. Mit Drohungen und Strafen wurden wir gefügig gemacht, ihrer Welt angepaßt. *(Sei brav, still usw. ... sonst darfst du nicht, heißt: ... sonst werde ich Dich nicht mehr liebhaben.)*

Dasselbe erlebten wir in der Schule. Das natürliche Interesse am Lernen und Entdecken wurde so reglementiert, daß wir meist nach einigen Wochen oder Monaten nur noch widerwillig zur Schule gingen. Unsere Lebendigkeit mußte sich auf die Pausen beschränken. Wir lernten nicht für das Leben, sondern für unseren späteren Einsatz in der Gesellschaft.

Unsere Lebendigkeit mußte sich auf die Pausen beschränken. Wir lernten nicht für das Leben, sondern für unseren späteren Einsatz in der Gesellschaft.

Alles verlief nach Plan. Aus fröhlichen, lebensbejahenden, spontanen Kindern wurden gut funktionierende Mitglieder der Gesellschaft. Unsere Gesellschaft braucht, um weiterzubestehen wie sie ist, nützliche und angepaßte Roboter, voraussagbare Menschen, die nichts in Frage stellen. Fleißig, korrekt, ehrgeizig und ängstlich. Schafe, die sich in der Herde wohl fühlen.

Unsere Selbstverleugnung und Wut darüber tragen wir als sogenannte «Erwachsene» immer noch mit uns herum. Wir richten den unausgelebten Zorn nun gegen uns selbst und wissen schließlich nicht mehr, was wir wirklich wollen, wer wir wirklich sind.

Das Resultat sind gehemmte, gefühlsarme Menschen. Sie fühlen nichts und wollen auch andere nichts fühlen lassen. Schlimmer noch, sie bekämpfen jegliches Aufkeimen von natürlicher Lust, Lebendigkeit und Emotionalität in ihrem Umfeld.

Nur ein leiser, nagender Zweifel beschleicht so manchen gelegentlich: *Eigentlich will ich ganz anders sein. Aber ich weiß nicht mehr, was mir fehlt und wie ich eine Änderung herbeiführen kann.*

Natürlich könntest Du Deinen Eltern und Lehrern für Deine Verkrüppelung die Schuld geben. Doch das wird nichts an Deinem Zustand ändern! Schließlich sind sie dem gleichen Anpassungsprozeß unterworfen worden, häufig noch mit rigideren Methoden. Es ist also sinnlos, sie zu beschimpfen und ihnen Schuldvorwürfe zu machen. *(Wegen euch bin ich zu dem geworden, der ich heute bin!)*

Es ist sicherlich wertvoll, die Ohnmacht und Wut gegen sie zu spüren. Aber wenn wir ihnen nicht irgendwann verzeihen können, wird diese Wut unsere Lebensfreude bis zum letzten Atemzug blockieren.
Von unseren Eltern und Lehrern (wer immer uns Leben gelehrt hat...) konnten wir nicht lernen, wie man sich selbst liebt und authentisch bleibt. Vielmehr sind wir mit Drohungen, Liebesentzug, Strafen, Belehrungen und Sprüchen über den Sinn des Leben eingeschüchtert worden. *(«Der Ernst des Lebens wird auch für Dich beginnen!» «Das Leben ist kein Zuckerschlecken.» «Du wirst schon sehen, wohin Du damit kommst!» «Wenn Du das tust, wirst Du nicht...» «So kannst Du doch nicht leben!»)* Kinder fühlen sich ob dieser Drohungen, Ablehnungen, Reglementierungen und subtilen Botschaften abgelehnt und machtlos. Sie können nur noch fragen: *«Wenn ich genauso bin wir ihr, werdet ihr mich dann lieben?»*

Die Theorien, die Du als Kind entwickelt hast, um Dich in dem Chaos der Welt zurechtzufinden und Zuwendung zu erhalten, kannst Du als Erwachsener überprüfen und zu Deinem Nutzen verändern.

Sei Dir also nicht noch zusätzlich böse deswegen, daß Du nachgegeben hast. Du hattest keine andere Wahl! Verzeihe Dir. Auch das ist Selbstliebe! Die Theorien, die Du Dir in der Kindheit gebastelt hast, um Dich in dem Chaos der Welt zurechtzufinden und Liebe bzw. Zuwendung zu erhalten, kannst Du heute als Erwachsener überprüfen und zu Deinem Nutzen verändern.
Gesellschaft und Religion schürten zu allen Zeiten kräftig unsere Ängste: Die Angst vor den Ausländern, Asylanten, Nichtchristen, Gottlosen, Negern, Rockern, die Angst, unsere Arbeit, Hab und Gut zu verlieren, im Abseits zu stehen, die Angst vor Einbruch, Diebstahl, Krankheit, Alter, Haarausfall, Körpergeruch, Zahnfleischschwund, Zinsverlust, Steuernachteilen, Überfall, Katastrophen, dem Tod, dem Leben nach dem Tod, dem Fegefeuer... Wir verhalten uns so, als ob das Leben eine gefährliche Gratwanderung wäre, überall lauern schreckliche Dinge (gegen die es sich zu versichern gilt). Doch Sicherheit läßt sich nicht kaufen. Alles Lebendige ist einem Wandel unterworfen und damit unsicher. Wir sind erst sicher, wenn wir im Grab liegen. (Doch wir tun unser bestes und stellen uns lieber schon tot, solange wir leben.)

Ziele

Das Schüren von Angst hat nur ein Ziel: Dich kontrollierbar und manipulierbar zu machen. Ein gänzlich angstfreier, selbstsicherer und sich selbst liebender Mensch wird nicht Soldat werden, sein Leben sinnlosen Kriegen zur Verfügung stellen oder freiwillig Steuern zahlen, die destruktiven Zwekken wie der Rüstung dienen. Er wird nicht Lebensmittel kaufen, die keine Spur von Leben in sich tragen, nicht ja sagen, wenn er nein meint. Er wird nicht unzählige Versicherungen abschließen, sondern die Verantwortung für sein Wohlergehen selbst übernehmen.
Was machst Du, wenn Du Angst hast? Du machst alles, damit die bedrohliche Situation vorübergeht. Du hast die Wahl: Du kannst Dich der Angst stellen, Dich verstecken, davonlaufen oder anpassen. Wofür hast Du Dich entschieden?
Feindbilder, inklusive dem des inneren Feindes, sind ein machtvolles Druckmittel. Sie halten Dich klein, schwach, verunsichern Dich und drängen Dich, Zuflucht in der Masse zu suchen. Erlebst Du Dich auch lieber als das Schaf in der Herde oder als den allein streunenden Wolf? Das gibt Dir ein illusorisches Gefühl der Behaglichkeit, Zugehörigkeit, Sicherheit und Wärme.
Doch der Preis, den Du für Deine Angst vor dem Alleinsein, für Dein kindliches Sicherheitsbedürfnis und die Anerkennung durch andere bezahlst, ist groß. Du verleugnest Deine Individualität und haßt Dich und andere letztlich dafür.

Folgen

Die Folgen Deines Selbsthasses bekommst Du schmerzhaft täglich zu spüren. Im persönlichen Bereich äußert er sich im Gefühl der Beziehungsunfähigkeit und Vereinsamung (Wie kann ich einen anderen lieben, wenn ich mich selbst nicht lieben kann?), in emotionaler Selbstentfremdung (Ich weiß nicht mehr, was ich fühle), in Kriminalität, Drogenkonsum, physischen und psychischen Krankheiten. Auch Depressionen, Lebensverweigerung und die Unfähigkeit, alltägliche kleine Dinge in ihrer Schönheit und Vielfalt zu sehen und genießen zu können, sind das Ergebnis unseres Selbsthasses.

Auf globaler Ebene sieht es ganz düster aus: Noch nie gab es so viele Unruhen und Kriege wie heute. Hinter dem äußeren Vorwand der Verteidigung des Vaterlandes, der Weltanschauung, der Religion, der Bekämpfung des Bösen nutzt man den Selbsthaß des einzelnen, die schrecklichsten Dinge zu tun. Er wird praktisch nach außen verlagert und so abreagiert. Der Krieg im Außen ist das Resultat des Krieges, den wir mit uns selbst führen.

Der Krieg im Außen ist das Resultat des Krieges, den wir mit uns selbst führen.

Wir sehen uns getrennt von unserer Umwelt statt als Teil von ihr. Wir wollen sie bezwingen und wundern uns, wenn sie sich wehrt. Wir verlagern unseren Selbsthaß und unsere Lust an der Selbstzerstörung ins Außen und lassen uns zerstören, damit wir die Verantwortung nicht tragen müssen.

Vorteile

Doch seltsamerweise hat Selbsthaß auch Vorteile. Das mag absurd klingen, doch er trägt immer eine verborgene Belohnung in sich. Du kannst davon ausgehen, daß niemand etwas tut, wovon er nicht auch einen Nutzen hätte. Das ist meistens auf den ersten Blick nicht leicht zu erkennen.
Ein Beispiel: Schon als Kind kannst Du gelernt haben, daß Du durch bestimmte negative Verhaltensweisen den Zorn, also die Aufmerksamkeit der Erwachsenen, auf Dich lenken kannst. Triffst Du als Erwachsener auf Menschen, welche die Elternrolle (Vorgesetzter, Lehrer, Polizist, Ehemann, Ehefrau...) einnehmen, spielst Du Dein Spiel wieder. Strafe oder Ablehnung ist auch eine Form der Zuwendung. Sie bestätigen die Richtigkeit Deiner kindlichen Erfahrungen – bis Du den Mechanismus durchschaust, Dir dessen bewußt wirst.
Besonders wichtig kann für Dich sein, daß Selbsthaß für Deine sozialen Kontakte notwendig sein kann, bietet er doch den niemals versiegenden Stoff für unsere Kommunikation. Das Reden über Probleme, Sorgen, Fehler, Unzulänglichkeiten, Notlagen, Katastrophen, über «könnt-ich-nur» und «hätt-ich-doch» verbindet uns, verbrüdert uns in unserem gemeinsamen Unglück.

Das Reden über Probleme verbindet uns, verbrüdert uns in unserem gemeinsamen Unglück.

Selbsthaß hält Deinen Verstand beschäftigt. Wenn Du einmal beobachtest, was die Inhalte Deines Denkens sind, wirst Du wahrscheinlich feststellen, daß Du Dir mehr Gedanken über Deine «Probleme», als über die Freuden des täglichen Lebens machst.
Würden wir es uns alle wirklich gutgehen lassen und würden wir glücklich und zufrieden mit uns selbst sein (stell' Dir das einmal vor!), worüber sollten wir dann noch reden? Worüber sollten die Zeitungen und Zeitschriften, die Nachrichtensendungen von Fernsehen und Radio berichten? Es gäbe nicht mehr viel zu sagen. Es würde still in uns und auf dieser Welt werden.
Dein Selbsthaß bietet Dir auch die Möglichkeit, die Opferrolle im Theater Deines Lebens zu spielen. Wie bequem ist es doch, die Verantwortung abzugeben und sich auf «Ich kann nicht, weil ich zu alt, zu dick, zu ungebildet, zu schwach... bin!» sicher zurückzuziehen. Zu sich selbst stehen kann verdammt unangenehm und unbequem sein! Wir haben aber lieber ein glaubhaftes Alibi für unser Versagen oder unsere Unbewußtheit und warten nur zu gerne darauf, daß andere die Dinge für uns erledigen.
So kannst Du auch Selbsterfahrungs- und Therapiegruppen, Deinen Astrologen, Deine Wahrsagerin dazu benutzen, Verantwortung abzugeben. Wir wollen den Wert von Therapiegruppen und anderen Lebenshilfen keineswegs anzweifeln, im Gegenteil. Doch wenn diese Dinge zu Deiner ausschließlichen Freizeitbeschäftigung werden und Du Deine Therapieerfahrungen nicht in Deinen Alltag integrierst, bist Du vielleicht wieder einmal auf der Flucht vor Dir selbst.

Konsequenzen

Vielleicht drängt sich Dir jetzt die Frage auf, wie Du aus diesem Dilemma wieder herauskommen kannst. Die Lösung lautet: Verantwortung für Dein Leben zu übernehmen und Dich nicht mehr an die vergangenen Erfahrungen zu ketten. Die Vergangenheit ist vorbei. Benutze nicht mehr Eltern, Kindheit, die wirtschaftlichen Zustände von damals usw. als Alibi für Deine heutigen Verhaltensweisen. Verantwortung übernehmen heißt hinschauen, entscheiden und handeln.

Für viele Menschen hat das Wort «Verantwortung» einen unangenehmen Beigeschmack. Vielleicht hast Du Assoziationen wie Bedrohung, Schrecken, Forderung oder schwere Pflichterfüllung. Tatsächlich löst dieser Begriff in vielen Menschen Angst aus. Doch wirkliche Verantwortung ist etwas anderes. Sie ist die logische Konsequenz Deiner Einsicht, daß Du Deine Opferrolle abgeben möchtest und Dein Leben in die Hand nehmen willst. Sie macht Dich frei, und deshalb kann sie, richtig verstanden, auch keine Bürde sein. Du kannst agieren statt re-agieren. Verantwortung ist Dein erster Schritt in die neue Richtung.

Wirkliche Verantwortung macht Dich frei. Du kannst agieren statt re-agieren.

Wenn Dir in Deinem Leben etwas passiert, das Du für gut oder angenehm hältst, bist Du gerne bereit, Verantwortung zu übernehmen. Du bist stolz auf Dich. Doch wie sieht es aus, wenn Dir etwas zustößt, das Du als schlecht oder unangenehm bezeichnest? Wie steht es dann mit Deiner Bereitschaft anzuerkennen, daß Du vielleicht auch dafür verantwortlich bist, selbst wenn Dir die unmittelbaren Zusammenhänge nicht klar sind?

Nur allzu gut wissen wir aus eigener Erfahrung, wie schwer es ist, von alten Gewohnheiten und Verhaltensweisen loszulassen. Wir sind verunsichert, haben Angst, denn wir wissen nicht, was auf uns zukommt. Es ist nicht leicht, der Opferrolle den Rücken zu kehren. Schuldgefühle mögen Dich plagen, das Gefühl der Unvollkommenheit oder Scham kann Dich befallen. Gehe nicht in die Falle der Selbstanklage: *«Mein Gott, was bin ich doch für ein schlechter, unfähiger Mensch!»*

Noch ein Hinweis für die kommende Zeit Deiner Veränderung: Wenn Du Verantwortung dafür übernimmst, Dich mehr und mehr zu lieben, kann das unter Umständen bei Menschen, die Dich anders erlebt haben, zunächst einmal Verunsicherung, Eifersucht oder gar Ablehnung erzeugen. Alleinsein könnte eine vorübergehende Folge sein. Doch Du wirst auch neue Freunde gewinnen. Menschen, die Deiner jetzigen Lebenseinstellung mehr entsprechen. Etwas Mut, Selbstvertrauen und Geduld gehören dazu – doch Du wirst reich belohnt werden.

Zusammenfassung

Tatsache ist: Du behandelst Dich häufig mehr als Deinen ärgsten Feind als Deinen besten Freund.

Die Ursachen hierfür liegen in Deiner Kindheit. Um zu überleben und Zuwendung zu erhalten, mußtest Du Dich selbst verleugnen. Du warst abhängig.

Mit Angst wurdest Du den Vorstellungen der Erwachsenen angepaßt.

Angst dient dazu, Dich kontrollierbar und manipulierbar zu machen. Die Folgen von Angst sind Selbsthaß, Vereinsamung, Beziehungsunfähigkeit, Krankheit, Krieg, Umweltzerstörung.

Selbsthaß bietet Dir auch Vorteile: Du kannst eine bequeme Opferrolle spielen und erhältst Zuwendung.

Verantwortung übernehmen, ist der erste Schritt in die neue Richtung.

Kapitel 2

Verhaltensweisen, die Dich daran hindern, Dein bester Freund zu sein

Im Laufe unseres Lebens haben wir alle Verhaltensweisen entwickelt, die uns immer wieder in schmerzende, enttäuschende oder frustrierende Situationen bringen. Oft sind wir uns nicht bewußt, was wir tun, warum wir es tun und was die Konsequenzen sind (das meist erst später).
So sind wir beispielsweise in unserer Kommunikation nicht offen und ehrlich, weil wir Ablehnung befürchten, und wundern uns dann, wenn uns andere Menschen mißtrauen oder sich verunsichert von uns zurückziehen.
Wir fühlen uns hilflos, welchen anderen Weg wir gehen können. Häufig dienen uns diese Verhaltensweisen als Selbstschutz. Schutz vor Entdeckung, Betroffenheit, Ausdruck unserer wahren Empfindung sowie Vermeidung von Entscheidungen und situationsgemäßen Handlungen. Ihr Endresultat ist nach vorübergehender Erleichterung, *daß wir uns selbst* belügen, unsere Lebensfreude dämpfen – uns unglücklich machen.
In diesem Kapitel wollen wir die häufigsten Verhaltensweisen, die uns am Glücklichsein hindern, aufzeigen und durchschaubar machen.

Hohe Ideale anstreben

«Edel sei der Mensch, hilfreich und gut.» Nur allzu deutlich erinnern sich wohl manche Leser an den Spruch, der viele Poesiealben verunzierte. Auch in Marias Album stand dieser Spruch. Ganz wie ihre Mutter empfand auch sie als junges Mädchen bereits tiefe Genugtuung, wenn sie dem Ideal, anderen helfen zu können, entsprach. Im Laufe ihres Lebens entwik-

kelte sie sich zur aufopfernden Gattin und Arbeitskollegin.
Nach einem langen Arbeitstag im Geschäft kommt sie mit leichten Kopfschmerzen nach Hause und räumt die Wohnung auf. Schließlich soll es schön aussehen, wenn ihr Partner heimkommt. Nebenbei kocht sie das Abendessen, denn er hat bestimmt nichts Vernünftiges in der Kantine bekommen. Als ihre mit Beziehungsproblemen geplagte Freundin anruft, findet sie nicht nur fürsorgliche Worte und gute Ratschläge für ihre Situation, sondern lädt sie auch noch zum Essen ein.
Wenig später kommt ihr Mann nach Hause, um zunächst ein Bad zu nehmen. Beim gemeinsamen Abendessen spielt sich die Unterhaltung fast nur zwischen Marias Mann und ihrer Freundin ab. Maria spürt deutlich, wie beide miteinander flirten. Sie sprechen dem Wein heftig zu und sind schon leicht betrunken, als Maria sich zum Abspülen in die Küche zurückzieht.
Nachdem sie fertig ist, muß ihre Freundin gehen, nicht ohne das schöne Essen zu loben. Maria sagt nichts über den Flirt, der ihr einiges Unbehagen bereitete. Sie will nicht kleinlich sein, schließlich kann ihre Freundin sicherlich Ablenkung von ihren Problemen brauchen. Ihr Mann hat es sich inzwischen auf dem Sofa bequem gemacht und bittet sie, doch noch eine Flasche Wein mitzubringen. Da beginnt Maria laut und hemmungslos zu weinen ...

Gesellschaftliche, religiöse oder familiäre Ideale können sehr unterschiedlich sein. Sie wurden von uns als Kinder unvoreingenommen als erstrebenswert akzeptiert. Ein paar Beispiele für Ideale unseres Kulturkreises könnten so lauten: Pflichtbewußtsein, Treue, Aufrichtigkeit, Nächstenliebe, Mut, Freiheit, Sauberkeit, Ordnung ...
Doch so verschiedenartig Menschen sind, so unterschiedlich kann auch der Lebensstil sein, der zu ihnen paßt! Während es für den einen völlig stimmig ist, ein ruhiges, geordnetes Leben zu führen, würde sich ein anderer vergewaltigen, wenn er sich in das gleiche Lebenskonzept zwängen würde.
Ideale können äußerst hinderlich sein, wenn Du wirklich so leben willst, wie es Deiner Natur entspricht. Es ist eben nicht

jeder von uns ein Albert Schweitzer, eine Mutter Teresa, ein Helmut Kohl oder ein Batman. Jedes Ideal zeigt Dir Deine Unzulänglichkeit. Es erzeugt eine subtile, meist unbewußte Spaltung in Dir, da Du Deinen Istzustand beziehungsweise Deinen Selbstwert anzweifelst. Fälschlicherweise denkst Du, Du seist, so wie Du bist, nicht in Ordnung und damit nicht liebenswert. Wenn Du zum Beispiel das Ideal hast, mutig zu sein und keine Angst zu haben, so wirst Du Dich sehr verurteilen und schlecht fühlen, wenn Du Dich dabei ertappst, daß Du vor etwas zurückschreckst oder jemanden fürchtest. Du versuchst nun, Dein unerwünschtes Verhalten, Deine sogenannte «Feigheit», zu verdrängen und diese vor Dir selbst und anderen zu verstecken. Eine große Anstrengung, das kann Dich Dein Leben lang beschäftigten! Je höher Deine Ideale sind, desto größer ist die Gefahr, daß Du daran zerbrechen kannst.

Ideale können äußerst hinderlich sein, wenn Du wirklich so leben willst, wie es Deiner Natur entspricht.

Doch gerade die verdrängten Schattenseiten haben große Macht über Dein Leben und lenken es häufig in frustrierende Situationen. Du weißt später nicht mehr, wie oder warum sie zustande kamen.
Hier zwei Möglichkeiten, um Deinen meist verborgenen Idealen auf die Schliche zu kommen:

1. Werfe einen ehrlichen Blick auf Deine Ideale! Was ist für Dich erstrebenswert, und was bewunderst Du bei anderen Menschen? Woher kommt dieses Ideal, und welche Auswirkungen hat es auf Dein Leben? (Siehe Liste 1.)
2. Was lehnst Du an Dir selbst oder anderen ab? Hinter jeder dieser Ablehnungen steckt als Gegensatz dazu eines Deiner Ideale! (Siehe Liste 2.)

Auch wenn Du beim Nachdenken über Deine Ideale möglicherweise schnell abschweifen und lieber daran denken möchtest, welche Pizza Du heute abend essen willst – bleib dabei. Fülle die beiden Listen aus und schreibe alles auf, was Dir zu diesem Thema einfällt. Du wirst sehen, es kommt mehr beim Schreiben zum Vorschein, als wenn Du nur beiläufig darüber nachdenkst. Wir empfehlen Dir, das Buch nicht nur zu lesen, sondern auch damit zu arbeiten. Selbsterkenntnis kann auch Freude machen!

Liste 1

Meine Ideale: So möchte ich sein.	Negative Auswirkungen
großzügig	wischi-waschi-Verhalten
selbstbewußt	vergleiche abfällig mich selbst mit anderen
kommunikativ	Kontrolle - ich bin zu wenig
erfolgreich	kann ich das abschaffen
lustig	bin ich!
wohlhabend	daß ich das
intelligent	bin ich nicht!
künstlerisch	fauler Stümper!
gebildet	es gibt so viel zu lernen
ausgeglichen	wann?
einfallsreich	zu öde!
sensibel	zu sensibel
weise	langer Weg
unabhängig	voll abhängig!
aufgeschlossen	?
schön	häßlich
gute Körperbewegung	unexpressive Bewegungen!
beweglich	
anregend	mauernd
unterstützend	versuch
aufbauend	

Liste 2

Was lehne ich an mir oder anderen ab?	Dahinterstehendes Ideal
mein geistiges können	gebildet sein
mein Aussehe	Schön sein
meine Körperbewegung	anmutig sein
Stümpern im Malen	Malen lernen können
Arroganz	Aufgeschlossenheit
Berechnung	Menschenfreundlichkeit
Ideologie	geistige Bewegl.
Jammern + Verharren	Initiative
plumpes Anmachen	Sensibilität
blöde Witze	Verständnis f. [illegible]
klammern + aggresse	persönl. Freiheit
Kleingeist	Großmut
Aggression	Friedfertigkeit
Härte	Mitempfinden
Gleichgültigkeit	"
Konsumverhalten	Ökologisch leben
[illegible] lassen	entspannt sein
Hysterie	ausgeglichen sein
Depressive [illegible]	

Sich mit anderen vergleichen

Erich traf Wolfgang das erste Mal auf einer Party von Freunden. Augenblicklich empfand er für ihn große Sympathie, so daß er ihn fortan häufig besuchte. Wolfgang hatte so ziemlich alles, was Erich nicht besaß und bewunderte: Ihn zierte ein stattlicher Schnauzbart, er war großgewachsen, verdiente viel Geld, hatte einen guten Job mit viel Freiraum im Außendienst, konnte gut Gitarre spielen, lebte in einer geschmackvoll eingerichteten Wohnung, hatte eine intelligente, gutaussehende Frau. Er wußte immer, angenehm aufzufallen und hatte sein Leben im Griff. Im Laufe der Zeit bemerkte Erich, daß er sich zunehmend unglücklicher und unzufriedener fühlte, wenn er mit Wolfgang zusammentraf. Seinen Neid gestand er sich nicht ein. Er begann, ihn zu imitieren und mit ihm in Konkurrenz zu treten. Erich mietete eine größere, teurere Wohnung, kaufte neue Möbel, ein teures Auto, machte Schulden und übernahm einen Job, der ihm mehr Geld bot, ihn aber in keiner Beziehung erfüllte...

Wir sind in einer Gesellschaft aufgewachsen, die auf Konkurrenz aufgebaut ist. Deshalb ist es nicht verwunderlich, wenn wir gelegentlich einen neidischen Blick auf Dinge werfen, die unseren Mitmenschen besser oder schneller als uns gelingen. Ganz zu schweigen, wie es sich verhält, wenn jemand materiell mehr hat als wir... Statt unsere Andersartigkeit oder Verschiedenartigkeit anzuerkennen, fühlen wir uns automatisch minderwertiger oder gönnen dem anderen seinen Erfolg nicht. Sich mit einem anderen Menschen zu vergleichen, ist jedoch so unsinnig, wie wenn sich eine Eiche mit einem Gänseblümchen vergleichen wollte. Beide sind vollkommener, wenn auch völlig unterschiedlicher Ausdruck der Vielfalt der Schöpfung. Bei uns Menschen ist es nicht anders. Du bist einmalig in Deinem Aussehen, Deinen Fähigkeiten und Talenten. Es gibt kein zweites Exemplar von Dir auf diesem Planeten! Ist das nicht wunderbar? Das hat einen guten Grund. Die Natur liebt Vielfalt. Es würde doch sehr langweilig für uns alle werden, wenn wir alle gleich wären.

Sich mit einem anderen Menschen zu vergleichen ist so unsinnig, wie wenn sich eine Eiche mit einem Gänseblümchen vergleichen wollte.

Wenn Dein Nachbar also ein besonderes musikalisches Talent hat und ein phantastischer Pianist ist, so heißt das noch lange nicht, daß Du, der Du kein Klavier spielen kannst, deswegen minderwertiger bist. Vielleicht liegen Deine Stärken auf einem anderen Gebiet.

Wir haben die Tendenz, unsere positiven Eigenschaften und Fähigkeiten herunterzuspielen.

Aber hast Du Dich auch schon einmal dabei ertappt, wie Du Deine positiven Eigenschaften und Fähigkeiten herunterspielst, ja für kaum erwähnenswert erachtest? Du zauberst nach einem langen Arbeitstag im Büro ein 5-Gänge-Menü für Deine Freunde. Doch wenn sie Deine Kochkünste loben, sagst Du ihnen, was Du alles hättest besser machen können. Erscheint es Dir als selbstverständlich, daß Du ein rücksichtsvoller Autofahrer, eine gut organisierte Hausfrau oder ein geduldiger Zuhörer bist? Auch das sind Talente! Also: Wenn Du immer nur auf das schaust, was Du NICHT kannst, weißt oder hast, wirst Du garantiert Deine Lebensfreude verhindern und unglücklich sein!

An dieser Stelle möchten wir Dir empfehlen, Dir einmal aufzuschreiben, was Du bereits alles kannst, weißt oder besitzt. Das können recht einfache und doch wertvolle Dinge sein. Du wirst erstaunt sein, wie lang Deine Liste wird! Mit Sicherheit wird der Platz im Buch nicht dafür ausreichen.

Liste

Das kann ich	Das weiß ich	Das habe ich
zuhören	Relativität	1 Wohnung
ein wenig schauspielen	die Gefühle	1 Kind
Sachen ansprechen	wo eine	genug Geld
mitarbeiten	Vorstellung	einen Beruf im Kopf
unterstützen	ist, ist ein	Freunde
organisieren	Weg!	Kritik
ehrlich sein	ich bin für	1 Schwester
med. Kenntnisse	mich sehr	Bücher
mit Kindern umgehen	wirklich	Anregung
zuverlässig sein	Vorstellung	Aus..an andere.
kochen	Kraft	Kulturangebote
schreiben	Wirklichkeit	Interesse am Kind
anregend sein	unsere	ökologisches Interesse
mich auf Dinge einlassen	Gesellschaft	Kraft + Fähigkeit
geniessen	kann ich	genug an wol
Malerhandwerk	nicht die	Dinge
Kirchenkenntnisse	beste -	Unterstützung
singen	Gewalt	von Velly
fotografieren	schaffen keine	
	lösen !	

Urteilen

Annemarie liebt es, in der Stadt herumzuschlendern und in Geschäften nach neuen Kleidern zu schauen. Heute ist sie mit ihrer Freundin unterwegs. Sie entdeckt eine knallrote Bluse, die bestimmt gut zu ihrem schwarzen Rock paßt. Ihre Freundin ist ganz anderer Meinung.
Nicht nur, daß Schwarz und Rot nicht zusammenpassen, nein, auch der Schnitt der Bluse ist ziemlich altmodisch. Sie würde sich so etwas nie kaufen, und außerdem stehen die Farben Annemarie schlecht. Sie sollte eher Erdfarben tragen, die viel besser zu ihrem Teint und ihrer Haarfarbe passen...

Urteile sind Kreationen unseres Verstandes. Zu Beginn unseres Lebens dienen sie dem Überleben oder der Orientierung in einer uns fremden Welt. Entweder übernehmen wir von den Erwachsenen, was sie als «gut» oder «schlecht» empfinden, oder wir bilden eigene Urteile, indem wir ihre Überzeugungen ablehnen. Bei der kleinsten Bedrohung seiner Glaubenssätze fällt unser Verstand das Urteil «falsch». Dinge, die unsere Wertungen bestätigen, erscheinen uns als «richtig».
Eigene Urteile sind zunächst einmal ein wichtiger Bestandteil unseres Individuationsprozesses: Wir lernen, einen Standpunkt einzunehmen, unsere Grenzen zu setzen und daraus Entscheidungen und Handlungen abzuleiten. Unsere Erfahrungen, ob angenehm oder unangenehm, sind die Grundlage unserer Urteile. Soweit so gut.
Doch «richtig» und «falsch» gibt es nicht! Sie haben mit der Wahrheit (das heisst wie die Dinge sind) wenig zu tun. Die Existenz kennt nur Vielfalt. Urteile sind ein Ersatz für die Auseinandersetzung mit der Wirklichkeit. Und viele unserer unentwegt sprudelnden Gedanken sind Urteile.

Urteile sind ein Ersatz für die Auseinandersetzung mit der Wirklichkeit.

«Ur-teilen» hat etwas mit teilen zu tun, mit abspalten. Ich bin nicht in «Ein-heit» mit mir und anderen. Mir fehlt die richtige «Ein-sicht», die ganzheitliche Sicht der Dinge, und damit versperre ich mir den Weg zu einem erfüllten Dasein.
In dem Maße, in dem ich über mich selbst urteile, positiv oder negativ, urteile ich auch über andere. Und umgekehrt:

Was ich an anderen mag oder ablehne, das mag ich auch an mir oder lehne es ab.
Gehe nicht in die Falle zu sagen: «O.k., ich hab's kapiert. Von nun an höre ich auf zu urteilen.» Du wirst damit nicht viel Erfolg haben, denn Deine Urteile sind zäh und eingefleischt. Sie laufen ganz automatisch ab. Es hat keinen Sinn, sie zu bekämpfen. Der einzige Ausweg ist: Deine Augen und Ohren aufzumachen, zum Beobachter zu werden, Dich nicht mit den Urteilen zu identifizieren und Verantwortung für sie zu übernehmen.
Wir empfehlen, Dir Deiner versteckten Wertungen und Urteile bewußt zu werden, um sie zu überprüfen. Stelle fest, inwieweit sie Dir hinderlich sind. Dann kannst Du wählen, ob Du an ihnen festhalten oder sie auflösen willst. Wir schlagen Dir dazu die folgende Übung vor:

1. Urteilen ohne Reue

Du sitzt oder stehst an einem Platz, an dem viele Menschen sind. Du erlaubst Dir jetzt einmal, Dich hemmungslos Deinen Meinungen und Vorurteilen über andere Menschen hinzugeben, sei es allein oder indem Du Deine Gedanken einem Freund/einer Freundin erzählst. Was meist ganz unbewußt oder versteckt passiert, das tust Du jetzt einmal ganz bewußt. Sieh die unmögliche Frisur der dicken Frau mit den beiden Plastiktüten aus dem Diskontladen an, die bestimmt nur billige Lebensmittel enthalten können. Mache Dich lustig über den alternden Playboy, der mit seinen offensichtlich 50 Jahren dunkelgefärbte Haare mit blonden Strähnen hat und den jungen Mädchen nachschaut.
Diese Übung solltest Du nicht mit großer Ernsthaftigkeit machen, sondern mit viel Humor...

Recht haben

Werner hat seinen Plan für die Unternehmensneuordnung fertig und präsentiert ihn auf einer Konferenz. Nachdem er seine Ausführungen beendet hat, meldet

sich ein Mitarbeiter, der die Wirksamkeit einiger Maßnahmen in Frage stellt. Werner empfindet dies als unsachliche Kritik und spürt, wie er verunsichert wird. Er befürchtet, sein Image als Cheforganisator des Betriebes könnte durch ein Akzeptieren der Argumente leiden.
Statt sich die Einwände in Ruhe anzuhören, versucht er, sie bereits im Keim zu ersticken. Er wird aggressiv und disqualifiziert den Mitarbeiter. Er habe keine ausreichende Information, mangelnde Übersicht und sei noch zu neu im Unternehmen.

Eine andere Begebenheit:

Eigensinnig beharrte der päpstliche Nuntius auf der Ansicht des Vatikans, daß sich die Sonne um die Erde dreht. Die Kirche hat recht, schließlich ist ihr Oberhirte Gottes Stellvertreter und muß recht behalten. Würde man einlenken, könnte man den Eindruck erwecken, fehlbar zu sein, und dies würde als Schwäche gedeutet.
Da halfen alle Berechnungen und logischen Einwände des Angeklagten Galilei nichts. Nach monatelangem Druck, tagelangem Verhör und aus Angst, sein Leben zu verlieren, widerrief er seine Erkenntnisse. Er unterzeichnete ein Papier, das sagte, daß sich die Sonne um die Erde dreht.

Recht zu haben ist eine Überlebenstaktik des Verstandes. Er klammert sich an Erfahrungen und ergeht sich in Mutmaßungen, was geschehen könnte, wenn er nicht recht behalten würde. Er orientiert sich nicht an der Realität, zu der er selten Zugang hat, sondern an seinen Erfahrungen. War er in der Vergangenheit mit einer Verhaltensweise oder einem Urteil erfolgreich, wird er es in der Gegenwart beharrlich verteidigen. Wenn Deine Glaubenssätze in Frage gestellt werden, wird sich Dein Verstand sehr trickreich wehren, da es um seine Führungsrolle geht! Da Du Dich über Deinen Verstand als Ich begreifst, darf es nicht geschehen, daß er angezweifelt wird.
Irrtum und Unrecht schmerzen besonders, wenn Du ein mangelndes oder angeschlagenes Selbstwertgefühl hast. Um dem auszuweichen, beharrst Du selbst auf einer irrigen

Denk- oder Verhaltensweise. Je eigensinniger Du bist, desto ausdauernder magst Du sein, vielleicht lebenslang.
Kann es sein, daß Du Dich durch Im-Recht-sein-Wollen permanent verteidigst, obwohl Dich niemand angreift? Was könnte gefährdet werden? Wollen wir nicht die Schmach und Scham vermeiden, wenn unser Image in Frage gestellt wird? *(«Wie stehe ich dann in den Augen meiner Arbeitskollegen, meiner Freunde oder meines Partners da, wenn ich unrecht habe?» «Ich kann doch nicht zugeben, daß ich an mir zweifle!» «Wer wird mich lieben, wenn ich eingestehe, daß ich unvollkommen bin?»)* Dein Image ist gefährdet, und das brauchst Du, um zu verstecken, daß auch Du schwach, unwissend oder zweifelnd sein kannst.

Kann es sein, daß Du Dich durch Im-Recht-sein-Wollen permanent verteidigst, obwohl Dich niemand angreift?

Alle haben recht: Die Eltern, der Lehrer, der Priester, die Älteren, die Stärkeren. Natürlich wird sich ein Kind ohnmächtig fühlen und wütend werden, wenn seine Empfindungen nicht ernstgenommen werden. Später findest Du andere Personen, die recht haben (oder die Du auf das Podest des Rechthabens setzt): die Richter, die Regierenden, die Polizisten, die Vorgesetzten, die Erfolgreichen, die Wissenden, die Mächtigen, die Reichen, Dein Astrologe, Dein Therapeut, Dein Guru.
Du kannst Dich verschiedener Methoden bedienen, wenn Du recht haben willst: Du hast Erfolg. Du sammelst Geld, Güter, Wissen, Macht. Du bist besser, schneller, schöner, geschickter, schlauer. Viele Deiner Mitmenschen magst Du damit für immer blenden. Staatsmänner oder Politiker blenden ganze Völker. Wenn Dir aber jemand nahe kommt, kann es problematisch werden, da Dir dieser Mensch hinter Deine Karten schauen könnte.
Rechthaberei wird Dich von Deinen Mitmenschen distanzieren. Deine «Schwäche» wird sich jedoch zu intimer Nähe verwandeln und Dich stark machen, wenn Du zu ihr stehst. Solange Du sie bekämpfst oder versteckst, wirst Du unter ständiger Anspannung leben.

Es anderen recht machen

Klaus entspricht ganz dem Idealbild eines zuverlässigen, hilfsbereiten und stets freundlichen Menschen. Von seinen Arbeitskollegen und Freunden wird er sehr geschätzt, denn er ist handwerklich geschickt und hilft, wo immer er gebraucht wird. Ein Wochenende steht bevor. Er sehnt sich nach einer arbeitsreichen Woche mit vielen Überstunden nach Schlaf, Sonne und einem Ausflug. Er wird am Samstag aufs Land nach K. fahren, um eine alte Freundin zu besuchen.

Am frühen Samstagmorgen ruft ihn Petra an, die Freundin seiner Exfrau, die ihn um Hilfe beim Umräumen ihrer Wohnung bittet. Es würde bestimmt nicht lange dauern.

«Das kann ich ihr nicht abschlagen», denkt er, «schließlich kann sie als Frau die schweren Möbel nicht allein bewegen! Dafür hat man doch seine Freunde.»

Das Umräumen dauert länger als gedacht. Petra ist noch beim Anstreichen ihres Badezimmers als er eintrifft. So kommt er vier Stunden später nach Hause.

Da erwartet ihn der Nachbar auf der Straße, der ein Problem mit seinem Auto hat. Klaus kann nicht nein sagen und kümmert sich sofort um die defekte Zündung.

Es ist bereits später Nachmittag, als Klaus Hunger verspürt. Er geht zu seiner Mutter, die im gleichen Haus wohnt, um etwas zu essen. Seine Mutter klagt dabei, daß die Waschmaschine nicht mehr richtig läuft. Er versteht den Hinweis und will sich für das Essen revanchieren. So verbringt er den restlichen Nachmittag mit der Reparatur der Waschmaschine.

Am Abend meldet sich sein alter Freund Peter und lädt ihn zu einem Bier in ihre alte Stammkneipe ein. Peter und er reden über alte Zeiten und schließlich über Klaus' finanzielle Situation. Peter ist Vermögensberater und Versicherungsagent. Er rät ihm zu einer vermögenswirksamen Versicherung und macht ihn auf die Risiken aufmerksam, die er bei seinem Eigenheim abzusichern hätte. Klaus beginnt zu begreifen, daß die Einladung zum Bier eigentlich dazu dient, eine Versi-

cherung bei Peter abzuschließen. Er will keine Versicherung, doch er kann dem guten, alten Freund schlecht etwas abschlagen. So geht Klaus später mit zwei neuen Versicherungsverträgen nach Hause. Unzufrieden fragt er sich beim Einschlafen, was er heute eigentlich wirklich machen wollte...

Wenn Du es allen Menschen recht machen willst, ist eines sicher: Du wirst auf der Strecke bleiben. Wenn Du keine Grenzen setzt, wirst Du leicht zum Opfer derer, die sich erst ein kleines Stückchen von Dir nehmen und Dich schließlich regelrecht «auffressen».

Wenn Du es allen Menschen recht machen willst, ist eines sicher: Du wirst auf der Strecke bleiben.

Glaubst Du wirklich, andere Menschen respektieren und lieben Dich mehr, wenn Du Dich von ihnen ausnutzen läßt? Diese Art von Zuneigung ist fraglich! Als «Rechtmacher» suchst Du Dir gerne starke Partner, sei es in Ehe, Freundschaft oder in der Arbeit. Sie sagen Dir, was Du zu tun oder zu lassen hast. Du bewunderst unbewußt ihre Stärke, ohne den Mut zu haben, selbst diese Qualitäten zu entwickeln. Auflehnung, ein kleines «Nein» oder gar Streit sind Dir ein Greuel. So wirst Du ausgebeutet und herumdirigiert.

Das führt natürlich dazu, daß Du im Laufe der Zeit Deine eigenen Bedürfnisse und Wünsche gar nicht mehr kennst und Dich in ungeliebten Umständen wiederfindest: Du lebst jahrelang in einer Wohnung, die Dir vielleicht gar nicht gefällt, die Dir aber vom wortgewandten Makler angepriesen wurde. Du arbeitest in einem langweiligen Beruf, den Dir Deine Eltern ausgesucht haben. Du lebst mit einem Partner, den Du schon lange nicht mehr liebst, ihn aber nicht enttäuschen willst. Tief in Dir ist die Hoffnung, der ungeliebte Zustand und die Forderungen der anderen würden bald ein Ende nehmen. Doch da kannst Du unter Umständen Dein ganzes Leben lang warten. Nur Du allein kannst Dir aus Deiner Opferrolle heraushelfen und Dein mangelndes Selbstwertgefühl stärken.

In diesem Fall hilft es, mit kleinen Schritten zu beginnen, um Deine Kraft, Deinen Mut und die Selbstsicherheit wiederzufinden. In einfachen Situationen (so zum Beispiel wenn Dir ein Verkäufer etwas aufschwatzen will, was Du nicht willst), kannst Du trainieren, nein zu sagen. Wenn Dich jemand um eine Gefälligkeit bittet, die auch ein anderer tun könnte, frage Dich: Warum immer ich? Sei wachsam, wenn Dich wieder einmal jemand zu Taten oder Entscheidungen verleiten will, die ihm nutzen. Stehe zu Deinem «Jetzt nicht», steigere Dich zu einem «Nein» und sage schließlich «Ich will...» – die Kindheit ist vorbei.

Schuldgefühle

Claudia fühlt sich furchtbar schlecht. Sie wird von Gewissensbissen geplagt, da sie ihren Mann «betrogen» hat. Er ist immer so gut zu ihr gewesen, fast zu gut. Und jetzt mußte ihr so etwas passieren! Der Betriebsausflug, die spontane, aufregende Begegnung mit Heinz... Sie kann es auf keinen Fall ihrem Mann erzählen. Es ist verständlich, daß Claudia irritiert ist. Sie ist überrascht von ihren eigenen Gefühlen und will ihren Mann nicht verlieren oder verletzen. Doch bei genauerem Hinsehen würde sie vielleicht entdekken...

Schuldgefühle sind unserer Meinung nach eine der hinterhältigsten Fallen, uns vor Bewußtwerdung und damit vor gesundem Selbstbewußtsein zu schützen. Sie sind eine versteckte Form von Selbsthaß und auch von Selbstmitleid. Schuldgefühle dienen hauptsächlich Dir selbst.

Schuldbewußtsein dient dazu, uns klein und damit besser kontrollier- und manipulierbar zu machen.

Schuld ist kein echtes Gefühl. Sie läßt Dich schlecht fühlen, macht Dich klein, und Du mußt für Deine Handlungen und Gedanken keine wirkliche Verantwortung übernehmen. Sie kann auch ein Trick sein, Dir bei Deinen Mitmenschen Zustimmung zu holen.

Hinter Deiner Schuld steckt die Angst, den Teil von Dir zu zeigen, den Du ablehnst, der feige oder wütend ist, sich unsicher oder klein fühlt, der andere zum Teufel wünscht, was auch immer. Indem Du Dich schuldig fühlst, mußt Du für diesen Teil von Dir keine Verantwortung übernehmen, das ist einfacher!

In der christlichen Tradition spielt Schuld eine große Rolle. Wir kommen bereits mit einer Erbschuld beladen auf diese Welt und müssen viele Opfer bringen, das heisst uns selbst verleugnen, um unsere Un-Schuld wiederzuerlangen. Dieses Schuldbewußtsein dient dazu, uns klein und damit besser kontrollier- und manipulierbar zu machen. Wir fühlen uns seit Lebensbeginn als Sünder. Die Zehn Gebote dienen dazu, uns einen Leitfaden zu geben, Sünden zu vermeiden. In östlichen Religionen steht an Stelle der Sünde die Unwissenheit. Von dieser Unwissenheit kann sich der Mensch durch Bewußtheit befreien. Während die Sünde den Beigeschmack des Schlechten und Bösen hat, vermittelt der Begriff Unwissenheit etwas Verzeihendes, Mitfühlendes.

Wann fühlen wir uns schuldig? Doch immer dann, wenn wir in unserem Denken oder Verhalten nicht den Maßstäben entsprechen, die wir für gut oder richtig halten. (Siehe auch «Urteilen».) Einige Beispiele:

- Du hast den Anspruch, jeden Konflikt gelassen und sachlich zu lösen, jedoch Deinen Geschäftspartner oder Vermieter angeschrieen.
- Du hast Deinem Partner die Treue versprochen und denkst doch häufig an andere Männer oder Frauen.
- Du meinst *«Pünktlichkeit ist eine Zier»,* kommst aber zu spät.

Vielleicht ist es sinnvoller, wenn Du die alten Verhaltensmaßstäbe neu überdenkst, anstatt Dich mit Schuldvorwürfen zu quälen. Wir möchten damit nichts gegen den natürlichen, gesunden Schmerz sagen, der Dich erfüllt, wenn Du erkennst, daß Du jemandem Unrecht getan oder ihn verletzt hast. Aber wenn Du Dir einen Fehler nicht verzeihen kannst und in Schuldgefühlen verstrickt bleibst, entziehst Du Dich der Haltung des reifen, erwachsenen Menschen, der für sich und seine Handlungen Verantwortung übernimmt, auch für seine Fehler. Um das an unserem Beispiel zu erläutern: Wenn Claudia bereit ist, ihren «Seitensprung» zuzugeben, und etwas tiefer schauen wird, wird sie vielleicht feststellen, daß in ihrer Ehe schon länger etwas nicht mehr stimmt. Sie wird sich mit ihrem Mann auseinandersetzen und nach Lösungsmöglichkeiten suchen, anstatt in ihren Gewissensbissen stecken zu bleiben.

Wenn Du Dich mit Selbstvorwürfen quälst, verpaßt Du nur den gegenwärtigen Moment.

Was vorbei ist, ist vorbei, Du kannst das bereits Geschehene nicht mehr rückgängig machen. Wenn Du Dich mit Selbstvorwürfen quälst, verpaßt Du nur den gegenwärtigen Moment. Dann ist auch der Schritt, anderen Menschen

Schuldgefühle zu machen, anstatt Eigenverantwortung zu übernehmen, nicht mehr weit.
Auf partnerschaftlicher Ebene ist das Spiel der Schuldzuweisung zwischen Ehepartnern gut zu beobachten. Meistens bezichtigen sich die Partner gegenseitig, die Ursache ihres Konflikts zu sein. *(«Du hast... getan.» «Wegen Dir habe ich...» «Ohne Dich wäre ich...»)* Auch auf globaler Ebene sind es immer die anderen Nationen, die schuld sind an Konflikten und Kriegen.
Alles, was Du tun kannst, ist: Verzeihe Dir. Sei nachsichtig mir Dir. Nur DU kannst Dir vergeben. Mache Fehler, lerne daraus, aber mache die gleichen Fehler nicht immer und immer wieder!
Wenn Du häufig von Schuldgefühlen geplagt wirst, empfehlen wir Dir folgendes Spiel:

Setze Dich mit einem Menschen Deines Vertrauens hin und versuche, Dir all die Situationen in Erinnerung zu rufen, wo Du gemein gehandelt, Dich sehr blamiert, Dich total danebenbenommen hast, wo Du ein schlechtes Gewissen hattest. Übertreibe ruhig ein wenig! Versucht Euch gegenseitig zu übertreffen mit Euren «Verfehlungen». Vielleicht hat Dein Partner auch den Mut, ähnliche Situationen aus seinem Leben zu erzählen.
Und wenn Du oder ihr beiden herzhaft lachen müßt, so dient das nur dazu, daß Du Dich mit Deinen «schlechten» Taten nicht mehr so sehr identifizierst und vielleicht auf dem besten Weg bist, Dir zu verzeihen!

Perfekt sein wollen

Frank hatte das ganze Frühjahr und den Sommer über im Garten gearbeitet. Sein Ideal war ein japanischer Zen-Garten. Ein neuer Zaun wurde gezogen, viele Büsche gepflanzt, unzählige Pflanzen eingegraben. Doch das größte Projekt war sein Teehaus mit Innenbeleuchtung und Sitzbänken außen. So arbeitete er unverdrossen jeden Abend und jedes Wochenende, während seine Nachbarn in den Gärten lagen, mit Freunden Gartenfeste feierten und gelegentlich den

Rasen mähten. Schließlich war auch der Teich vollendet. Es war ein Meisterwerk, ganz der perfekte Garten, den er in einem japanischen Bildband gesehen hatte. Einmal wollte auch er etwas Vollendetes schaffen, was von allen bewundert wird und sonst keiner in der Nachbarschaft hat.
Als es Herbst wurde, stellte er fest, daß er keine einzige stille, entspannte Stunde in seinem Garten verbracht hatte...

Kennst Du diese Stimme in Dir, die nie genug hat? Die immer alles noch perfekter machen will? Die Stimme, die Dich nie in Ruhe läßt und Dich zu Höchstleistungen anspornt, damit Du allseits anerkannt und bewundert wirst? Die für die Unvollkommenheiten, Fehler und Mißgeschicke anderer nur ein mildes Lächeln übrig hat?
Vielleicht fühlst Du Dich ja ganz wohl mit dem Perfektionisten in Dir. Aber mal ehrlich: Ist es nicht manchmal recht anstrengend, alles bis zur höchsten Vollendung zu treiben? Wozu, wenn alles Leben Wandel und Veränderung bedeutet? Vielleicht hast Du Dich selbst schon gefragt, was eigentlich hinter Deinem Wunsch nach Perfektionismus steckt. Es ist die Angst, Fehler zu machen. Diese Angst raubt Dir jegliche Spontanität, schützt Dich vor Überraschungen, macht Dich unlebendig. Perfektionismus ist eine Neurose.

Hinter Deinem Wunsch und Perfektionismus steckt die Angst, Fehler zu machen.

Natürlich bringt es Vorteile, Gefühle der Unzulänglichkeit nicht spüren zu müssen, aber der Preis dafür ist hoch. Du bist sehr allein auf Deinem perfekten, schillernden Thron. Was ist denn so schlimm daran, wenn Du Fehler machst? Bedenke, das Zeigen von Unzulänglichkeit und Schwäche schafft Nähe. Ist Nähe vielleicht bedrohlich für Dich, weil Du Dich dann nicht mehr verstecken kannst?
Vielleicht konntest Du als Kind den Ansprüchen Deiner Eltern nie genügen. Immer fehlte etwas, immer hätte es besser sein können. Ihre Bestätigung und Liebe baumelte immer zum Greifen nahe vor Deiner Nase, Du hast Dich angestrengt, sie zu erhaschen, umsonst. Ihre überhohen Ansprüche hast Du verinnerlicht, und nun quälst Du Dich mit ihnen ab, streßt Dich. Wie das Kind von damals rufst Du immer noch: *«Schau, wie toll ich bin! Bitte, habt mich lieb!»* Anstatt Dich

selbst zu lieben, so wie Du bist, hast Du Dich zum Bettler gemacht.
Wirkliche Stärke liegt im Zeigen und Mitteilen unserer Schwächen und sogenannten Fehler. Aus ihnen lernen wir, sofern wir nicht immer wieder dieselben Fehler begehen.
Also: Räume Deine Wohnung nicht auf, als wäre sie der Ausstellungsraum eines Möbelgeschäftes, wenn das nächste Mal Besuch kommt. Komme ganz bewußt einmal zu spät, wenn Du einen Pünktlichkeitswahn hast. Ziehe Dich einmal ohne den prüfenden Blick in den Spiegel an, wenn Du extreme Sorgfalt auf Deine geschmackvolle Kleidung legst. Sage einmal etwas, wovon Du nicht ganz genau weißt, ob es richtig ist, oder wenn Du glaubst, nur reden zu dürfen, wenn Du über fundierte Kenntnisse verfügst.
Alles, was perfekt ist, wirkt auf eigenartige Weise tot. Ein Park, in dem kein einziges welkes Blatt auf dem gleichmäßig geschnittenen Rasen liegt, wirkt künstlich, langweilig. Der verwilderte Naturgarten enthält Spannung und Lebendigkeit. Die unvollständigen Bilder Toulouse-Lautrecs lassen Interpretationen zu, während eine perfekte, naturgetreue Abbildung einer Pflanze höchstens Bewunderung für die technische Leistung auszulösen vermag.

Besonders sein müssen

Tim und Gabi bereiten sich vor, Peter, den neuen Arbeitskollegen Tims zu besuchen, der sie zum Abendessen eingeladen hat. Gabi weiß nicht so recht, ob sie das neueste Designerkostüm von Jil Sander oder die locker-legeren, extraweiten Jeans, Nietengürtel und Pavarotti-Seidenbluse wählen soll. Tim zieht jedenfalls seinen neuesten YSL-Outfit an, mit dem er bereits vorgestern bei der Vernissage alle ausgestochen hat. Als Gastgeschenk nehmen sie Beluga-Kaviar in einer wunderhübschen echt russischen Dose mit. Das kann ihm noch niemand mitgebracht haben, denn es ist eine Rarität.
Sie besuchen Peter zum ersten Mal, und beide sind beim Betreten seiner Wohnung zunächst irritert. Die Einrichtung entbehrt jeglicher teuren Art-nouveau-Möbel. Seine Musikanlage ist unscheinbar, ein Fernseher

fehlt sogar. Alles ist hell, gemütlich und strahlt eine eigenartige Einfachheit aus. Das Essen besteht aus einem alten deutschen Gericht: Himmel und Erde. So etwas hatten Tim und Gabi seit ihrer Kindheit nicht mehr gegessen. Der Abend entwickelt sich zu ihrem Erstaunen angenehm. Nach einer anfänglichen Beklommenheit ob Peters Mangel an den üblichen Attributen dynamisch-erfolgreicher Yuppies spielen sie Karten und haben zunehmend mehr Freude am Zusammensein.
Zuhause wieder angekommen, schauen sich Gabi und Tim etwas befremdet in ihrer Wohnung um: Haben sie vielleicht den neuesten Trend zur Einfachheit verpaßt? Schaut man wohl kopfschüttelnd auf ihren Breitwand-Fernseher und die zahllosen Vor- und Endstufen des Profi-Sound-Centers? Sollten auch sie ihre Gäste demnächst mit deftiger Hausmannskost bewirten? Das beklemmende Gefühl, unbedeutend zu sein, geschmacklos zu wirken und vielleicht nicht auf dem laufenden zu sein, kriecht mit ihnen diese Nacht unter die Seidenbettwäsche...

Wir Menschen sind schon merkwürdige Wesen: Jeder will etwas Besonderes sein, sich auf diese oder jene Art von der Masse abheben. Im Englischen gibt es ein treffendes Sprichwort: «To be ordinary is the most extraordinary thing in life.» Übersetzt heißt das: Einfach oder normal zu sein ist das Unnormalste auf der Welt. In unserer Konkurrenzgesellschaft haben wir gelernt, daß nur der Beachtung findet, der mehr, etwas anderes oder Besonderes zu bieten hat.
Besonders sein zu wollen, ist eine anstrengende und mitunter teure Methode, da Du Dir immer neue Dinge oder Verhaltensweisen ausdenken mußt, um Dich von Deinen Mitmenschen abzuheben. Im Laufe der Zeit erschöpfen sich die Gags, Du wirst alte Tricks neu darbieten, und wenn Du allzu heftig auf Dein Besonderssein pochst, kommt man Dir möglicherweise auf die Schliche. Diejenigen, die Du mit Geld, Macht, Ruhm, Exzentrik, Understatement, striktem Verzicht usw. blenden willst, könnten hinter der Maske des Besonderen Dein mangelndes Selbstwertgefühl entdecken. Da heißt es wachsam sein und ja nie in die Einfachheit abgleiten. Was Du wirklich denkst lautet: *«Ich bin nicht liebenswert, so wie ich bin.»*

Erinnerst Du Dich noch daran, wie das Ganze angefangen hat? Wolltest Du nicht schon als Kind die schönste Puppe haben, der beste Fußballer sein, andere Kleider als Deine Freunde tragen, eine ausgefallene Frisur haben, ein ganz verrücktes Auto haben oder genau das Gegenteil von allen anderen machen? Ja, schon in der Kindheit beginnen wir, das Spiel der Erwachsenen zu kopieren. Nachdem sie uns das Selbstwertgefühl genommen hatten, konnten wir uns im Kaschieren mit Ersatzhandlung üben.

Wahr ist: Das Gewöhnliche ist das einzig Ungewöhnliche in unserem Leben. Doch Vorsicht: Auch strikte Einfachheit und zwanghaft alternatives Leben mag dem gleichen Zweck dienen – auffallen oder anders sein wollen. Ein selbstbewußter Mensch braucht kein Etikett der Außergewöhnlichkeit, denn er weiß, was er ist und was er hat.

Wenn Du Dich anderen Menschen so zeigst, wie Du wirklich bist, ohne Maske, ohne gekünstelte Floskeln, ohne modisches Blendwerk, dann werden sie Dich mögen. Einfach deshalb, weil Du so bist, wie Du bist.

Wir wollen wirklich nicht dafür plädieren, daß Du Dich in Sack und Asche kleidest und Dir nichts Schönes mehr gönnst. Aber vielleicht achtest Du einmal grundsätzlich darauf, wann Dich die Kaufwut und die Lust an außergewöhnlichen Vorzeigedingen besonders packen. Meistens doch dann, wenn Du sehr frustriert bist, wenn Du Dich nicht magst...

Wenn Du Dich anderen Menschen so zeigst, wie Du wirklich bist, ohne Maske, ohne gekünstelte Floskeln, ohne modisches Blendwerk, dann werden sie Dich mögen. Einfach deshalb, weil Du so bist, wie Du bist. So wie Du bist, bist Du etwas ganz Besonderes: ein einmaliger Mensch.

Sich ständig sorgen

Inge wälzt sich schlaflos im Bett. Jetzt ist es schon zwei Uhr nachts, und noch immer findet sie keine Ruhe. Morgen muß sie sich bei einem neuen Arbeitsplatz vorstellen und möchte unbedingt ausgeruht sein. Ob es diesmal der richtige Job ist? Die Stimme des Personalchefs klang zwar sympathisch, aber wie oft hat sie schon nach anfänglicher Begeisterung erlebt, wie chaotisch es in der Firma zuging! Was für Arbeits-

kollegen würde sie haben? Nun, sie würde zumindest kein Auto brauchen, da sie zum Büro laufen kann. Da spürt sie wieder dieses dumpfe Ziehen im Bein. Ob sie wohl ernsthaft krank wird? Vielleicht sind das erste Anzeichen eines Raucherbeins – was dann? Sie kann doch nicht schon mit vierzig Invalidin werden. Dann könnte sie sich nicht mehr diese schöne, große Wohnung leisten. Wo würde sie dann wohnen können, wo es doch gar keine erschwinglichen Wohnungen mehr gibt? Schließlich muß sie ihrer Tochter auch noch ab und zu etwas Geld zustecken. Das Kind kommt heute nacht schon wieder so spät nach Hause. Sie ist zwar schon zwanzig, aber trotzdem macht man sich als Mutter so seine Sorgen. Jetzt hat sie sich ein Leben lang um das Kind gekümmert, und nun beginnt es sein eigenes Leben. Wie wird sie es verkraften, nicht mehr von ihr gebraucht zu werden? Ihr Freund hat heute auch noch nicht angerufen. Sollte das Konzert nicht schon um zehn beendet sein? Wo ist er jetzt? Hat er etwa eine andere Frau getroffen, oder sitzt er jetzt in einer dieser Single-Kneipen? Was wäre, wenn er..? Sie wälzt sich schwitzend auf die andere Seite. Diese ständigen Sorgen, wann werden sie ein Ende haben...

Ein Leben ohne Sorgen und Probleme ist für die meisten von uns unvorstellbar geworden. Je wichtiger wir unsere Probleme nehmen, desto mehr Energie verwenden wir darauf, sie zu lösen. Doch durch ständiges Sorgen hat sich noch nie ein Problem aufgelöst, ist Dir das auch schon aufgefallen?

Je wichtiger wir unsere Probleme nehmen, desto mehr Energie verwenden wir darauf, sie zu lösen. Doch durch ständiges Sorgen hat sich noch nie ein Problem aufgelöst. Ist Dir das auch schon aufgefallen?

Unser Verstand liebt es, sich wichtig zu machen, indem er uns ständig ängstigt. Quält Dich immerzu irgendein Problem, hast Du Angst vor Krankheit, Unfall, Versagen, vor der ungewissen Zukunft? Schon morgens, wenn Du aufstehst, denkst Du über alles nach, was Dir an diesem Tag passieren könnte, statt Dich überraschen zu lassen? Und abends schläfst Du mit dem unsicheren Gefühl ein, Du hättest etwas vergessen oder jedes Zwicken im Körper könnte das erste Anzeichen einer schweren Krankheit sein?

Sorgen und Probleme sind wie Jogging des Verstandes. Einmal angestellt, läuft er immer weiter. Doch Deine Sorgen oder Probleme existieren nicht wirklich, Deine Sichtweise macht Situationen, die auf Dich zukommen oder kommen könnten, zu Problemen. Dein Verstand sagt: Das ist falsch, das will ich nicht, das kann ich nicht – und schon haben wir ein Problem. Ohne diese negative Beurteilung würde kein Problem entstehen.

Wenn Du Dich ständig sorgst und Probleme hast ist das ein Zeichen, daß Du Dich zu schwach fühlst, um eventuellen Herausforderungen des Lebens mit Entschiedenheit und Tatkraft entgegenzutreten. Im Sorgenkarussell gibt es noch eine Steigerung: Dir Sorgen zu machen, weil Du Dir soviel Sorgen machst. Damit ist der Dschungel der Gedanken so undurchdringlich geworden, daß Du schier verzweifeln könntest. Eine Problemlösung ist in diesem Fall unmöglich, denn Du drehst Dich im Kreis.

Mache Dir Dein Leben schwerer, und belade Dich nicht nur mit Deinen, sondern auch noch mit den Sorgen anderer! Leide, sorge, ängstige Dich, indem Du Dich mit möglichst vielen «Sorgenkindern» umgibst und in stundenlangen Gesprächen alle Probleme beredest. (Das gibt Dir das wohlige Gefühl, nutzvoll zu sein und gebraucht zu werden!)

«Probleme» kannst Du nur lösen, indem Du Dich nicht gegen sie wehrst. Verändere Deine Sichtweise der Dinge. Versuche schwierige Situationen als eine Herausforderung zu sehen, die von Dir eine Entscheidung, eine neue Handlungsweise verlangen. Klarheit über ein Problem wirst Du erhalten, wenn Du nicht vor ihm zurückschreckst, das heißt keine Angst vor ihm hast. Dann findest Du die Lösung ganz von selbst. Ob es Deine defekte Waschmaschine oder Deine kritische Beziehungssituation ist – beides sind Herausforderungen, die sowohl ruhiger Überlegung als auch klarer Handlung bedürfen.

Vor dem Gegenteil des Sich-Sorgen-Machens, einer inneren Ruhe, haben wir scheinbar alle panische Angst. Das Leben wäre zu einfach. Keine Sensationen. Wer weiß, vielleicht würdest Du ganz glücklich sein. Wie langweilig ...

Entsorgungsvorschläge

1. Wenn sich eine Situation einstellt, die Dir Angst bereitet und Du Dir deswegen große Sorgen machst, setze Dich 15 Minuten allein und still hin und beobachte Deinen Verstand, wie er sich mit den Sorgen beschäftigt. Höre ihm zu.
Beantworte Dir anschließend der Reihe nach die folgenden Fragen:
Haben sich während der vergangenen Viertelstunde Dein Leben, Deine Situation verändert?
Ist Dein Leben in Gefahr?
Wozu also die Sorgen?
Was würdest Du tun, wenn Du die Sorgen nicht hättest?
Tue es doch einfach – jetzt!

2. Um Dein Sorgendrama einmal sehr ausdrucksvoll zu gestalten und Distanz zu ihm herzustellen, kannst Du Deine Sorgen, Probleme und Nöte als Opernarie singen. Du kannst sie Dir selbst oder Deinem Partner laut vorsingen. Stelle keine Perfektionsansprüche an Dich, was die Qualität Deiner Stimme anbelangt...
Versuche es und spüre, wie albern Deine Probleme gesungen klingen. Du wirst irgendwann lachen müssen.

Sorge Dich nicht zu sehr. Lebe!

Herausforderungen ausweichen

Hubert freut sich auf einen gemütlichen Abend. Doch seine Frau Helga will mit ihm reden. Sie ist seit einiger Zeit unzufrieden mit ihrer Ehe und will Huberts Meinung dazu wissen. Sichtlich genervt murrt er: «Was hast Du denn? Ist doch alles prima! Mach's doch nicht immer so kompliziert. Wir haben doch alles, was wir brauchen...» und setzt sich mit einer Flasche Bier vor den Fernseher...

Das ist eine von vielen Möglichkeiten, einer Schwierigkeit auszuweichen. Ging es uns zuvor darum, Sorgen und Pro-

bleme nicht überzubewerten, so wollen wir jetzt aufzeigen, wie Du Dich (zumindest langfristig) unglücklich machen kannst, indem Du Herausforderungen beziehungsweise Problemen ausweichst.
Es gibt verschiedene Strategien, wie Du Dich vor einer (aktiven) Problemlösung drücken kannst:
1. Du streitest die Schwierigkeit ab, solange es geht. Du machst Dir und allen anderen vor, daß DAS doch kein Problem für Dich ist. Du hast die Sache im Griff. *«Hast Du aber nicht»,* sagt eine kleine Stimme innen und quälst Dich mitunter jahrelang mit Anspannung und der Sorge, irgendwann doch mit dem Problem unausweichlich konfrontiert zu sein.
2. Du gibst nach, wenn etwas von Dir verlangt wird. Um des lieben Friedens willen sagst Du ja und behältst Deine wahre Meinung für Dich.
3. Du paßt Dich an, wirst wachsweich, unangreifbar. Du bist einer dieser allesverstehenden, immer kompromißbereiten Menschen, denen man so schwer eine unbequeme Meinung sagen kann. Du weißt natürlich, daß Du Dich selbst betrügst, und Deine innere Stimme zieht sich beleidigt zurück. Irgendwann wird es Dir ganz übel vom ständigen Nachgeben, dann explodierst Du (vielleicht), oder Dein Körper rächt sich, zum Beispiel mit einem Magengeschwür, dem Du nicht mehr aus dem Weg gehen kannst.
4. Du klammerst Dich an das Gewohnte und empfindest natürlich jede Veränderung Deines Lebens als Problem. Da bleibt Dir nichts anderes übrig, als das Neue, das Unerwartete, das Außergewöhnliche als lästiges Übel abzutun und zu negieren. Anstatt Dir anzusehen, was Du mit einer neuen Situation anfangen und daraus lernen kannst, hältst Du krampfhaft an Deinem Trott fest. Eine starke Anspannung findest Du als Resultat in Dir.
5. Du greifst den vermeintlichen Problemverursacher an. Angriff ist die beste Verteidigung! Du hoffst, die Herausforderung durch einen Angriff nicht nur abzuwehren, sondern möglichst auch zu eliminieren. Dabei können Ehefrau, Geschäftspartner, Freunde, Nachbarn, die Kassiererin im Supermarkt verbal oder tätlich verletzt werden. Hier könnte sich Deine Grundeinstellung zum Leben aufs deutlichste äußern: Das Leben ist ein Kampf. Der Kampf in Dir und gegen Dich wird auf Deine Mitmenschen ausgedehnt.

6. Du beschwichtigst und spielst Probleme runter. Ein kleines Problemchen ist leicht zu handhaben und unter den Teppich zu kehren, ohne daß es jemand bemerkt. MIR geht es gut, MIR kann eine solche Lapalie doch nichts anhaben. Was, deswegen soll ich mir Sorgen machen? Eine Lösung erwartest Du, indem Du die Augen einfach zumachst, so daß es auf den ersten Blick tatsächlich keiner Aktivität bedarf.

Außer Angriff, Abstreiten, Beschwichtigen und Passivität gibt es die verschiedensten Mischformen von Taktiken, sich einer Entscheidung zu entziehen. Doch aufgeschoben ist nicht aufgehoben! Mit diesen Methoden erzielst Du lediglich halbherzige, unbefriedigende Lösungen, bei denen Du tief in Dir nach wie vor spürst, daß Dein Problem immer noch vorhanden ist. Du magst Angst haben vor einem klaren Standpunkt oder einer Entscheidung, von der Du nicht weißt, was ihre Folgen sein werden. Vielleicht wirst Du Deinen Beruf oder Deinen Arbeitsplatz wechseln müssen. Möglicherweise wirst Du Dich von Deinem Partner trennen.

An der Entstehung eines Problems beziehungsweise einer Herausforderung haben wir immer einen Anteil. Was immer Dir geschieht, ist eine Reaktion auf eine Aktion deinerseits. Je früher Du Dich der Herausforderung stellst und handelst, desto eher wird die Situation vorübergehen. In der vorgenannten Geschichte wird sich die Beziehung Huberts zu seiner Ehefrau durch sein Verhalten zunehmend verschlechtern. Sie wird ihm Zärtlichkeit und Aufmerksamkeit verweigern, bis er sich dem Problem stellt. Weder er noch seine Ehefrau werden sich wohl fühlen. Unerlöste Herausforderungen erzeugen Streß, Anspannung und töten die Lebensfreude.

Was immer Dir geschieht, ist eine Reaktion auf eine Aktion deinerseits.

Wenn Du den Mut hast, Dir Deinen Anteil an problematischen Situationen einzugestehen, machst Du Dich offen, verletzlich und gleichzeitig stark. Probiere es einmal aus! Wenn Du zu Dir stehst, werden Dir andere Achtung entgegenbringen. Versuchst Du, Dich zu verstecken, merkt es sowieso jeder. Auch wenn der Vogel Strauß seinen Kopf vor Angst in den Sand steckt, wird er dennoch gesehen …

Sich versichern – nichts riskieren

Constanze ist 45 Jahre alt und möchte endlich einmal eine Reise allein machen. Immer waren Partner, Freunde oder Verwandte dabei. Nie war sie einmal ganz auf sich gestellt und konnte nur das machen, was sie wollte. Ihre Mutter warnt sie vor der geplanten Reise nach Indien, weil man schon so viel Schlimmes gehört hat, was alleinreisenden Frauen passieren kann. Der Reiseveranstalter mahnt zur Vorsicht und schlägt ihr eine Reisegepäckversicherung vor. Und da sie bereits weit im voraus bucht, wäre eine Reiserücktrittsversicherung auch noch nützlich. Ihre Schwester gibt ihr zu bedenken, daß es um diese Jahreszeit noch recht heiß ist und es in Teilen des Landes immer wieder politische Unruhen gibt.
Verwirrt sitzt Constanze in ihrer Wohnung und ist sich gar nicht mehr sicher, ob sie die Reise allein riskieren kann. Man weiß ja nie, was passiert...

Helmut ist auf einer Party. Er bemerkt viele neue Gesichter und hält sich erst einmal bei seinen Freunden auf. Man tanzt, trinkt, redet. Ein Frau findet seine besondere Aufmerksamkeit. Wenn er zu ihr hinschaut, spürt er das typische Herzklopfen. Sie redet mit fremden Leuten und scheint sich gut zu amüsieren. Eigentlich möchte er sie näher kennenlernen, mit ihr irgendwie in Kontakt treten. Aber er ist sich unsicher, wie er das anstellen soll. Kann er einfach hingehen und sie ansprechen? Was würde sie sagen, wenn er ihr direkt sagt, daß er sie interessant und attraktiv findet? Vielleicht ist sie mit einem Freund da oder findet ihn aufdringlich und weist ihn zurück? Helmut ist sich immer weniger sicher, was er tun soll. Er fürchtet, sich bloßzustellen. Er malt sich aus, was passieren könnte, wenn...

Sicherheitsstreben ist uns zur zweiten Haut geworden. Man hat uns von Kindheit an propagiert, daß wir kein Risiko eingehen sollen. Denn wer risikofreudig ist, handelt und denkt selbständig, ist authentisch und lebendig. Das können weder Staat noch Kirche gebrauchen.

Wir sind so «ge-norm-t», daß es «norm-al» ist, wenn alle die gleiche Angst vor dem Leben haben. Diese Angst treibt uns in die Fänge der scheinbaren Sicherheit. Doch sicher ist nur der Tod. Die Sicherheitsnadeln, die unser Leben zusammenhalten, stecken schmerzhaft in unserem Fleisch.
Als Kind warst Du noch recht abenteuerlustig. Alles Neue war aufregend und spannend. Oft hast Du Dich ins Unbekannte vorgewagt. Doch die Erwachsenen dämpften Deinen Entdeckergeist. Sie pochten auf Vorsicht und Sicherheit. Mit den Jahren wolltest auch Du Dein Leben vorhersehbar machen.
Mit der ersten Wohnung kam eine Hausratversicherung, mit der Ehe eine Lebensversicherung, mit der ersten Pauschalreise eine Reiseunfallversicherung, mit fortgeschrittenem Alter eine Altersversorgungszusatzversicherung und noch etwas später eine Sterbeversicherung, damit auch sicher ist, daß Du tatsächlich stirbst. Eine böse Ahnung beschleicht uns: Schließt Du eine Versicherung ab, wirst Du sie irgendwann in Anspruch nehmen wollen. So magst Du (unbewußt) beschließen, bald krank zu werden, Dir Dein Gepäck stehlen zu lassen oder einen Unfall zu haben.

Schließt Du eine Versicherung ab, wirst Du sie irgendwann in Anspruch nehmen wollen.

Wenn Du Dich immer erst des Erfolges Deiner Taten und Worte versicherst, wirst Du nur wenig neue Lebenserfahrungen machen. Scheinbarer Mißerfolg ist auch eine neue Erfahrung, die Dein Leben bereichern kann. Im nachhinein hast Du vielleicht festgestellt, daß Du aus Deinen «Fehlern» viel gelernt hast. Risiko ist das Salz des Lebens. Der programmierte Erfolg ist langweilig und schal. Im Beispiel Constanzes taucht in ihren Überlegungen nie die Möglichkeit auf, daß sie ihre Reise auch abbrechen kann, wenn es ihr in Indien tatsächlich nicht gutgeht. Und wenn Helmut beim Zusammentreffen mit der attraktiven Frau feststellt, daß sie seine Offenheit mag, kann er möglicherweise seine Angst vor dem Zurschaustellen seiner Gefühle ablegen. Zu bedenken ist bei allen Entscheidungen, daß selten etwas für ewig ist und wir uns später auch anders entscheiden können.
Die Risiken, die Du eingehst, kannst Du in reale und scheinbare Risiken unterteilen. Ein reales Risiko ist, wenn Dir Deine Lebenserfahrung sagt, daß ein bestimmtes Handeln zu Deinem Schaden sein wird, sei es körperlich, geistig, emotional

oder wirtschaftlich. Möchtest Du einmal mit 120 km/h durch die Innenstadt fahren, weißt Du sehr wohl, daß Du Dich und andere gefährden wirst. Du wirst im günstigsten Fall mit einer Geldbuße bestraft. Möchtest Du dem Wunsch nachgeben, einmal im Leben nicht mehr aus dem Urlaub nach Hause zurückzufahren, wirst Du vermutlich bald ohne Geld dasitzen und die Situation wahrscheinlich nicht mehr genießen können.

Ein scheinbares Risiko: Du hast den Wunsch, einen Menschen kennenlernen zu wollen, und bist Dir nicht sicher, wie Du das anfangen sollst. Du mußt unbekannte Wege gehen und kreativ sein. Du wirst mit einer Lebenserfahrung und möglicherweise dem Partner Deines Lebens belohnt werden.

Unterscheide also gut zwischen scheinbaren und realen Risiken. Schau, was Du von Herzen tun oder sagen willst und führe es aus. Habe Mut zum Risiko! Je mehr Du riskierst, desto mehr kannst Du gewinnen. Viele Entscheidungen haben keine ewige Gültigkeit. Du kannst Deine Meinung ändern, Deinen Arbeitsplatz wechseln, umziehen, die Wohnung neu streichen, den Urlaub abbrechen, die Party vorzeitig verlassen.

Schneide Dich nicht von Deiner Kreativität, Deiner Lebenslust, Deinen Träumen ab. Habe den Mut, (sie) zu leben, bevor Du es nicht mehr kannst. Vergleiche Dich nicht mit anderen Menschen, denn jeder von uns hat seine individuellen Herausforderungen und Angstschwellen. Wenn Dein Nachbar fanatischer Drachenflieger ist, muß das nicht für Dich heißen, daß Du das gleiche tun mußt. Selbstliebe heißt auch, Dich nicht mit überhöhter Risikobereitschaft zu überfordern. Du mußt nicht permanent auf des Messers Schneide leben oder Dich gar in ausweglose Situationen bringen. Auch in alltäglichen, kleinen Dingen kannst Du Deine Grenzen erweitern.

Hoffen und warten

Hoffnung ist zunächst einmal Ausdruck der Visionen und Träume, die uns beflügeln und große Kraft verleihen können. So das Hoffen auf eine friedlichere Menschheit, eine saubere Umwelt, das Ende des Hungers auf diesem Planeten usw. Da die Hoffnung ein Gedanke ist, der Energie freisetzt und sich im kollektiven Unterbewußtsein mit den gleichen Gedanken anderer Menschen verbindet und verstärkt, wird das dem erhofften Ziel dienen. Wenn Hoffnung jedoch zu Stagnation und Untätigkeit führt, wie das Hoffen ohne unser geringstes Zutun auf das Eintreffen unrealistischer Zustände oder träumerischer Phantasien, schneidet sie uns vom Leben im Moment ab und lähmt uns. Nicht selten verbirgt sich hinter der Verhaltensweise des Hoffens und Wartens die Angst, Verantwortung für Handlungen zu übernehmen und Entscheidungen zu treffen.

Nicht selten verbirgt sich hinter der Verhaltensweise des Hoffens und Wartens die Angst, Verantwortung für Handlungen zu übernehmen und Entscheidungen zu treffen.

Die «Wenn-Dann»-Strategie macht es Dir unmöglich, hier und jetzt zu leben und Dich zufrieden zu fühlen. Mit ihr verschiebst Du Dein Leben. Zu langes Warten auf eine Änderung oder spezielle Umstände Deines Lebens führt zu Lethargie und dem Versiegen Deiner Lebensfreude. Ein andermal mag das Warten auf den richtigen Zeitpunkt angebracht sein. Dein Tun mag einen bestimmten Zeitpunkt erfordern. Spontanität ist nicht immer angebracht. Die beiden folgenden Geschichten sollen Dir den Unterschied verdeutlichen:

Wolfgang hat einen großen Traum. Irgendwann möchte er mit seinen Freunden auf einem Bauernhof in Portugal leben. Er sieht sich bereits jetzt dort entspannt auf der Terrasse sitzen, den Sonnenuntergang betrachten, leise fächelt eine warme Brise vom Meer durch die Zypressen vor dem Haus. Doch die Realität sieht anders aus: Heute abend ist er wieder einmal völlig von der Arbeit erledigt. Als Chauffeur muß er seinen Chef täglich weite Strecken fahren und sich dessen Wünschen und Launen anpassen. Die Arbeit macht ihm keine Freude und streßt ihn. Zeit für Urlaub oder Abwechslung bleibt ihm nicht. Abends hat er selten noch Energie, etwas anderes zu tun als zu Hause fernzusehen oder ein Buch zu lesen. Aber sein Einkommen ist gut, und jeden Monat spart er eine schöne Summe Geld. Die Hoffnung, in einigen Jahren genug Geld zu haben, um von hier endgültig wegzugehen...

Petra hatte eine unglückliche Ehe. Jetzt lebt sie mit ihrem Kind alleine und arbeitet in ihrem eigenen Laden. Die Loslösung von ihrem Partner und ihrer früheren Tätigkeit in seinem Geschäft war schmerzhaft und anstrengend. Natürlich hofft sie darauf, wieder eine tiefe Beziehung mit einem Mann einzugehen.
Eine neue Partnerschaft würde ihre Situation erleichtern und sie beglücken, doch sie weiß, daß die alten Wunden noch nicht verheilt sind. So genießt sie ihre Freiheit, die neue Arbeit und ihre erblühende Kreativität. Sie will auf einen neuen Partner so lange warten, bis sie tatsächlich aus eigener Kraft leben kann. Sie wartet auf den Moment, da sie sich wirklich öffnen kann und reif und stark genug fühlt...

Der Unterschied zwischen Wolfgang und Petra ist offensichtlich: Während er sein Glück auf die ferne Zukunft im fremden Land verschiebt, macht sie das Beste aus ihrer Situation.
Ewiges Hoffen und Warten kann Dich leicht zum Opfer derer machen, die Deine Hoffnungen auf das bessere Morgen oder die Zeit des Ruhestandes für ihre Zwecke nutzen: Du sollst Deine Frustration mit Ersatzdingen und -handlungen besänftigen.
Gib Deine Visionen nicht auf, aber vergiß nicht, auch das Heute zu genießen. Schließlich kann alles anders kommen!
Beim Warten kannst Du untätig dasitzen und Dich zeitlebens beklagen, daß Du dieses noch nicht hast und jenes noch nicht bist, oder Du erkennst auch in der Zeit des Wartens die Fülle des gegenwärtigen Moments. Dann fällt das Warten von Dir ab und wird nicht zur lähmenden Qual.

Versuchen

«Ich werde versuchen, mir klarzuwerden, was ich will.»
«Man kann nicht von mir sagen, ich würde nicht versuchen, mich zu verändern.»
«Ich versuche eine gute Beziehung zu haben.»
«Ich versuche nun schon so lange, eine bessere Arbeit zu bekommen.»

«Ich habe alles versucht, aber es hat zu nichts geführt.»
«Ich versuche, nicht mehr zu rauchen.»
«Ich bin der Versuchung erlegen.»

... leider alles nur Ausflüchte!

Bei oberflächlichem Betrachten sieht Dein Versuch so aus, als ob Du tatsächlich etwas tun oder entscheiden würdest. Doch dahinter verbirgt sich ein halbherziger Entschluß. Versuchen heißt «vielleicht», nicht ein wirkliches «Ja» oder «Nein». Ein Versuch ist eben nur ein Versuch. Die echte Bereitschaft fehlt. Dein Unterbewußtsein, das Deinen Verstand mit allen nötigen Informationen und Deinen Körper mit den erforderlichen Kräften versorgen würde, erhält die Mitteilung: *«Ich meine es gar nicht so ernst.»* So kannst Du Deine Ziele nicht erreichen, wirkliche Veränderungen herbeiführen oder gar Erfolge erzielen.
Dein Versuchen hat noch einen anderen Aspekt: Du bemühst Dich. Das macht Dein Handeln oder Denken anstrengend, kompliziert und angespannt. Anstrengung und Anspannung machen Dein Tun nicht zur Freude, und damit ist das Ergebnis von vorneherein negativ, selbst wenn Du einen «Erfolg» erzielst. Freudiges Tun ist entspannt und mühelos.

Zusammenfassung zu Teil 1

Die meisten Menschen haben nicht gelernt, wie man sich selbst liebt. Sie haben als Kinder Überlebensstrategien, das heisst Verhaltensweisen zum Selbstschutz entwickelt, die ihnen in ihrem späteren Leben hinderlich sein können.

Die Verlagerung der Verantwortung auf Eltern, Lebensumstände in der Kindheit, Gesellschaft oder Partner helfen gar nichts. Die Zeit der Kindheit ist vorbei und kann nicht wiederholt werden.

Nur wenn Du Deine Verhaltensweisen durchschaust, kannst Du sie ändern.

Beginne jetzt, Deine Selbstliebe zu trainieren.

Der erste Schritt ist, daß Du ehrlich mit Dir selbst bist, Deine persönlichen Grenzen erkennst und erweiterst.

Nur Du allein kannst herausfinden, was Dich erwachsen werden läßt.

Teil 2

Wie Du zu Deinem besten Freund wirst

Kapitel 3

Mein bester Freund – so soll er sein

Stell Dir vor, Du könntest Dir jetzt einen Freund (wenn Du ein Mann bist) oder eine Freundin (wenn Du eine Frau bist) aussuchen. Dein Ideal, den Menschen, den Du Dir schon immer gewünscht hast. Eine Person, von der Du rückhaltlos sagen kannst, solch einen Freund möchte ich haben. Die Frauen unter Euch mögen uns nachsehen, daß wir für diese Person das männliche Attribut gewählt haben.
Schreibe Dir jetzt alle äußeren Merkmale, Denk- und Verhaltensweisen dieser Person auf. Laß Deiner Phantasie, Deinen Wünschen freien Lauf! Mach Dir eine ausführliche Liste von allem, was Du Dir von Deinem besten Freund/Deiner Freundin wünschst.

Wir empfehlen Dir, dies zu tun, bevor Du weiterliest, sonst unterbrichst Du den Prozeß des Buches! Nimm Dir Zeit dazu, wähle einen ruhigen Moment aus. Hier einige Begriffe, die Dir das Schreiben erleichtern sollen:

Mein bester Freund . . .
akzeptiert mich wie ich bin
mag mich, egal wie ich gekleidet bin
unterstützt mich in jeder Situation
ist jederzeit für mich da
spricht mir Mut zu
übt Kritik an mir, ohne mich zu verletzen
nimmt mich ernst
ist ehrlich zu mir
verzeiht mir meine Fehler
hört mir aufmerksam zu
nimmt Rücksicht auf mich
ist zuversichtlich
nimmt mich in seinen Arm,
wenn ich mich schwach fühle

hat ein sympathisches, offenes Gemüt
zeigt mir auch seine Traurigkeit
lacht mit mir über meine Probleme usw.

Mein bester Freund – so soll er sein...

Nachdem Du Deine Liste fertig hast, beantworte Dir die folgenden Fragen:

– Ist es Dir leicht- oder schwergefallen, Dir ein klares Bild von Deinem Freund/Deiner Freundin zu machen?
– Sind Deine Vorstellungen präzise oder verschwommen? (Wenn sie verschwommen sind, mag das heißen, daß Du nicht zu Deinen Wünschen stehst und Dich leicht Deinen Freunden anpaßt.)

Forsche weiter, es gibt einige Dinge, die Dir wirklich sehr wichtig sind! Solange Du Dir nicht klar bist, werden Deine (unbewußten) Erwartungen auch nicht in Erfüllung gehen. Wünsche erfüllen sich nur, wenn sie präzise formuliert sind. Und nun das Wichtigste: Schaue Dir Deine Liste noch einmal an und stelle fest, wieviel von dem, was Du von Deinem Freund/Deiner Freundin erwartest, Du Dir selbst gibst. Trage dies in eine neue Liste ein, wobei Du die Aussagen der vorigen Liste in der Ich-Form formulierst. Zum Beispiel: Ich akzeptiere mich wie ich bin, ich unterstütze mich in jeder Situation, ich spreche mir Mut zu . . .

Ich bin mein bester Freund!

Ich ______________________________

____

____

____

____

____

____

____

____

Vergleiche nun Deine beiden Listen. Gibt es viele Dinge, die Du gerne von einem Freund/einer Freundin hättest, aber Dir selbst nicht geben kannst? Welche Dinge sind das? Was macht es so schwer...?
Du bist der einzige Mensch, der genau weiß, was Du brauchst. Du kannst Dir das selbst mehr geben als Du denkst. Nur Du bist jederzeit bei Dir. Und wenn Du in der Lage bist, Dir selbst Dein bester Freund zu sein, dann werden sich andere Menschen magisch von Dir angezogen fühlen und Deine Nähe und Freundschaft suchen. Wenn Du Dich öffnest, werden Deine Beziehungen an Intensität und Intimität gewinnen.

Ent-täuschungen

Wir alle haben Erwartungen, Bedürfnisse, Sehnsüchte. Es ist menschlich, daß wir im anderen suchen, was wir in uns vermissen. Wir haben einfach vergessen, dort zu suchen, wo Glück, Zufriedenheit, Liebe... am ehesten zu finden sind: in uns selbst. Wir nehmen die größten Mühen und Anstrengungen auf uns, um von anderen zu bekommen, was wir in uns schmerzlich vermissen. Dabei schließen wir nicht nur oft Kompromisse, sondern verlieren uns selbst. Die anderen oder der Partner können uns nicht immer das geben, was wir brauchen. Vielleicht haben sie es gar nicht, manchmal brauchen sie ihre Zeit und Energie ganz für sich. Oft entstehen Mißverständnisse – wie Du Dich äußerst, mag dem anderen unverständlich sein.

Die Suche im Außen wird Dich immer wieder enttäuschen, denn Deinen Idealpartner oder -freund gibt es nicht. Diese «Ent-täuschung» ist vielleicht im ersten Moment schmerzhaft, aber heilsam. Hast Du dieses Spiel der Projektion Deiner Erwartungen auf andere einmal durchschaut und den Schleier der Selbsttäuschung gelüftet, wirst Du Dich befreien. Eine Erleichterung wird Dich überkommen: Sich selbst lieben, sich selbst das geben, was Du von anderen erwartest, heißt, nicht mehr abhängig sein! Du spürst doch, daß Abhängigkeit unfrei macht. Du weißt doch, daß Du den, von dem Du Dich abhängig fühlst, niemals wirklich lieben kannst.

Sich selbst lieben, sich selbst das geben, was Du von anderen erwartest, heißt nicht mehr abhängig sein!

Erst wenn Du aufhörst, von anderen Menschen Unmögliches zu erwarten, kannst Du Dich darüber freuen, was sie Dir an Möglichem zu bieten haben. Das gleiche gilt für Dich selbst!

Deine letzte Chance

Ziel der folgenden Übung ist es, daß Du herausfindest, was wirklich wichtig für Dich ist. Du triffst eine Auslese der unbedeutenden, Dich verwirrenden oder unnötig belastenden Wünsche, Sehnsüchte, Erwartungen, Hoffnungen und schaust Dir Deine Versäumnisse an. Versetze Dich dazu in die folgende Situation:

Du erfährst, daß Du nicht mehr lange zu leben hast. Es mögen Dir nur noch ein paar Tage, Wochen oder ein paar Stunden bleiben. Du hast keine Zeit mehr, etwas aufzuschieben, Dich mit unwichtigen Dingen abzulenken. Du blickst zurück auf Dein Leben. Was wolltest Du schon immer tun, hast es aber immer wieder aufgeschoben? Was hast Du nicht zugelassen? Wofür hast Du Dir nie Zeit genommen?

Was sind die Dinge, die Du am liebsten tun möchtest? Vielleicht stellst Du fest, daß Du...

- *jetzt stirbst und nie wirklich in vollen Zügen gelebt hast.*
- *nie spontan auf einen fremden Menschen zugegangen bist, der Dich faszinierte.*
- *Dich immer nach den anderen gerichtet hast.*
- *Dir keine oder wenig Zeit für Dich genommen hast.*
- *Dich aufgeopfert hast.*
- *immer auf andere Rücksicht genommen hast.*
- *niemandem Deine geheimsten Wünsche erzählt hast.*
- *Dir nie erlaubt hast, einmal unvernünftig zu sein.*
- *kein einziges Mal Deine wahre Meinung gesagt hast.*
- *Du nie ziellos durch den Wald gestreift bist.*
- *Du Dich nie mit einem schönen Kleid selbst beschenkt hast.*
- *niemandem gesagt hast, wie sehr Du Dich nach Liebe sehnst.*
- *völlig vergessen hast, daß Du eine revolutionäre Erfindung machen wolltest.*
- *nicht Klavierspielen gelernt hast.*
- *Dich nie mit Deinem Vater ausgesöhnt hast.*

Bevor Du weiterliest, solltest Du eine Liste der Dinge machen, die Dir wirklich am Herzen liegen und die Du vielleicht immer aufgeschoben hast. Sie mag völlig anders aussehen als die oben aufgeführten Versäumnisse. Nimm Dir dazu wieder ausreichend Zeit, und setze Dich an einen angenehmen, ruhigen Platz in Deiner Wohnung. Schließe die Augen für einige Minuten und forsche nach dem, was Du schon immer wolltest, aber nie oder zuwenig bekommen oder getan hast.

Das liegt mir wirklich am Herzen:

Ich möchte ____

____

____

Was hat mich bisher daran gehindert, diese Dinge zu erhalten, zu geben oder zu erreichen (etwas Inneres oder etwas Äußeres)?

Welche Schritte kann ich tun, um zu verwirklichen, was mir am Herzen liegt?

Kapitel 4

Spieglein, Spieglein an der Wand ... oder wie ich mich selbst sehe

Der erste und wichtigste Schritt, Dein bester Freund zu werden, ist zu wissen, wer dieser Freund eigentlich ist. Hast Du Dich wirklich schon einmal ernsthaft gefragt, wer dieser Mensch ist, der Dir im Spiegel entgegenblickt? Hast Du, statt nach Fältchen, Pickeln und durcheinandergeratener Frisur Ausschau zu halten, einmal wissen wollen, wer Du wirklich bist? Nicht Deine äußere Erscheinung, Deine Rollen, die Du in der Gesellschaft spielst, sondern Dein inneres Wesen. Statt als Marionette durch die Welt zu gehen, deren Fäden von allen möglichen Menschen bewegt werden, kannst Du Dich selbst entdecken und Dich nach innen wenden.
Wir möchten Dir an dieser Stelle eine Geschichte erzählen:

Ein kleiner Tiger, dessen Mutter bei seiner Geburt starb, wurde von einer Schafherde, die gerade in der Nähe Futter suchte, aufgenommen. Er wuchs zu einem stattlichen Tiger heran, und doch verhielt er sich wie ein Schaf. Er fraß nur Gras, blökte wie ein Schaf und suchte den Schutz der Herde. Er glaubte ganz und gar ein Schaf zu sein, obwohl in ihm die Kraft eines Tigers schlummerte.

Eines Tages pirschte sich ein alter Tiger an die Herde heran, um ein Schaf zu reißen. Er glaubte seinen Augen nicht zu trauen, als er seinen Artgenossen friedlich unter den anderen Schafen weiden sah. Er packte ihn am Kragen und schleppte ihn zu einer nahen Wasserstelle. Der junge Tiger roch wie ein Schaf und wehrte sich ängstlich gegen die Behauptung des alten Tigers, er sei kein Schaf, sondern ein Tiger.

Da ließ ihn der Alte sein Spiegelbild im Wasser betrachten. Verwirrt stellte das Schaf fest, daß es aussah wie der alte Tiger. In diesem Moment brach ein gewal-

tiges Brüllen tief aus seinem Inneren hervor, und es erkannte seine wahre Natur.

Wir alle wachsen, symbolisch gesehen, als Schafe auf. Wir lernen, uns und die Welt zu sehen, wie andere es von uns verlangen, um unser Überleben zu sichern. Unsere wahre Natur, unser Potential bleibt uns weitgehend verborgen.

In diesem Kapitel geht es darum, das Bild, das Du von Dir hast, zu überprüfen. Dein Selbstbild setzt sich zusammen aus einer Ansammlung von Gedanken, also Worten, die Du immer wieder zu Dir sagst. Diese Worte kreieren Bilder, und diese Bilder erzeugen wiederum Emotionen in Dir. Jeder emotionale Gedanke prägt sich in Deinen Verstand ein. Dabei speicherst Du nicht das, was wirklich passiert, sondern Dein Empfinden, Deine Interpretation der Situation.

Du speicherst nicht das, was wirklich passiert, sondern Deine Interpretation einer Situation.

Unsere Persönlichkeit besteht aus vielen inneren Stimmen, die alle in uns leben. Da ist zunächst einmal das kleine, verletzbare Kind, das wir Erwachsenen alle so gerne verstecken. Um dieses Kind zu beschützen, haben wir schon früh in unserem Leben eine Reihe von anderen Teilpersönlichkeiten entwickelt: Den Kontrolleur, der dafür sorgt, daß unser Leben sicher verläuft, den Antreiber, der uns ständig hetzt, den Kritiker, dem wir nie genügen können, den Perfektionisten, der sich immer mit anderen vergleicht, den Gefälligen, der es jedem recht machen will, usw.

Da wir uns dieser inneren Stimmen meist nicht bewußt sind und wir mit ihnen identifiziert sind, bestimmen sie unser Leben in einem Ausmaß, das ungesund für uns ist. Wir fühlen uns verwirrt und als Spielball von Kräften, die wir mit unserem rationalen Verstand nicht mehr steuern können.

Der einzige Weg aus diesem Dilemma ist ein ehrlicher Blick auf das, was Dich permanent unbewußt steuert. Warum kommst Du immer und immer wieder in die gleichen, unerfreulichen Situationen? Wie ziehst Du sie an? Welcher unterdrückte Teil in Dir ruft hier nach Erlösung? Wer bist Du wirklich?

Die folgenden Übungen sollen Dir dabei helfen, Dir auf einer tieferen Ebene zu begegnen und Dein Selbstbild zu überprüfen.

Die Spiegelübung

Nimm Dir für diese Übung eine halbe bis eine Stunde Zeit. Gehe sicher, daß Du dabei nicht gestört wirst. Setze Dich möglichst nahe vor einen Spiegel, der groß genug ist, daß Du Dein Gesicht darin sehen kannst. Der Spiegel sollte in Gesichtshöhe stehen oder hängen. Stelle eine Kerze zwischen Dich und den Spiegel, so daß Dein Gesicht gut beleuchtet ist.
Und nun schaue Dich einfach an, sieh Dir direkt in die Augen, ohne den Blick abschweifen zu lassen. Atme entspannt. Halte die Augen möglichst offen, ohne zu blinzeln, auch wenn Dir die Tränen kommen. Wenn ein Gedanke auftaucht, lasse ihn einfach vorüberziehen. Weiche Dir nicht aus, auch wenn es Dir schwerfällt. Höre nicht auf Deinen Verstand, der Dir da einflüstern mag, Du solltest die Übung abbrechen.
Du wirst erstaunt sein, was sich bei dieser Übung alles in Dir tut: Du magst völlig verschiedene Gesichter sehen, alte und junge, schöne und häßliche. Deine Gefühlsskala mag von Betroffenheit, Angst, Traurigkeit über Wut bis hin zu Staunen, Freude und Stille reichen. Halte die Gesichter und Gefühle nicht fest, beobachte sie lediglich. Sie kommen und sie gehen auch wieder. Und alles, was Du siehst oder fühlst, kommt aus Dir, auch wenn Du diesen Dingen zum ersten Mal begegnest. Was Du da vorfindest, ist nicht immer Deine Schokoladenseite. Wenn Du hinter Dein Make-up, Deine Maske schaust, findest Du auch dunkle Flecken auf der Leinwand Deiner Persönlichkeit. Das sollte Dich nicht ängstigen. Viel eher kannst Du Dir anerkennend auf die Schulter klopfen, weil Du Dich so intensiv mit Dir selbst auseinandergesetzt hast. Beende die Spiegelübung, indem Du für einige Minuten die Augen schließt und Deinen Blick nach innen wendest.

Halte die Gesichter und die Gefühle nicht fest, beobachte sie lediglich.

Diese Übung ist eine intensive Begegnung mit Dir selbst, und wir versprechen dir, daß Du Dich mit neuen Augen sehen wirst, falls Du sie öfter machst.

Die Collage: Das bin ich

Eine weitere, sehr spielerische Möglichkeit, Dich näher kennenzulernen, ist die Collage. Du bastelst Dir aus Zeitungsausschnitten verschiedenster Art das Bild, das Du von Dir

hast. Damit ist nicht Dein Idealbild gemeint, sondern eine Collage, die Dich mit all Deinen Schwächen und Stärken darstellt. Gehe möglichst spontan und intuitiv vor. Versuche, Deinen kritischen Verstand beiseite zu lassen.
Wenn Dein Selbstbild fertig ist, betrachte es aus einigem Abstand:

- *Wie wirkt es in seiner Gesamtheit auf Dich?*
- *Sind seine Farben hell und fröhlich oder eher düster?*
- *Sind Deine Schwächen oder Deine Stärken überbetont?*
- *Sind Deine männlichen oder Deine weiblichen Qualitäten im Vordergrund?*
- *Hast Du auch das Kind in Dir berücksichtigt?*
- *Welche Texte, Schlagworte hast du eventuell eingefügt?*
- *Welche Auswirkungen hat Dein Selbstbild auf Dein aktuelles Leben?*

Idealbild und Schatten

Für die folgende Übung machst Du Dir zunächst eine Liste mit allen Dingen, die Du an Dir magst: Körper, Verhaltensweisen, Gefühlsleben und Intellekt. Sei so konkret wie möglich.

Das mag ich an mir. Meine Stärken sind:

____

____

____

____

____

____

____

Erst wenn Du mit der vorigen Liste fertig bist, machst Du Dir eine Liste von allen Dingen, die Du nicht an Dir magst. Dinge, die Du deshalb auch gerne vor Dir selbst und anderen versteckst. Sei ganz ehrlich und lasse Dir Zeit. Lies erst weiter, wenn Du die beiden Aufstellungen fertig hast.

Das mag ich nicht an mir. Meine Schwächen sind:

Fragen zu den beiden vorangegangenen Listen:
- Wie ging es Dir beim Schreiben?
- Was fiel Dir leichter zu schreiben, die positiven oder die negativen Dinge?
- Welche Liste ist länger, und was steckt wohl dahinter?
- Von wem hast Du die Dinge, die Du an Dir ablehnst, übernommen?
- Wer hat früher in Deinem Leben solche Dinge zu Dir gesagt?

Das Leben bringt Dir ständig Situationen, durch die Du Dein Selbstbild, Deine Glaubenssätze überprüfen kannst. Da Du ja fest davon überzeugt bist, daß das, was Du über Dich denkst, richtig ist, suchst Du Dir häufig Gelegenheiten, die vor allem Deine negativen Einschätzungen bestätigen. Sätze wie *«Typisch ich...!» «Na klar, das kann ja nur mir passieren...»* beweisen, wie recht Du hast. Wenn Du beispielsweise denkst, daß Du dumm bist, so wird sich das im Außen immer wieder bestätigen. Und zwar so lange, bis Du bereit bist, diesen negativen Glaubenssatz neu zu überdenken und abzulegen. Wenn Du beispielsweise glaubst, Du seist beziehungsunfähig, so wird Dir das Leben großzügigerweise immer und immer wieder Gelegenheiten bieten, Dir diese Überzeugung anzuschauen, so lange, bis sie aufgelöst ist.

Es wird Dir wahrscheinlich schwerfallen, ein realistisches oder objektives Bild von Dir zu zeichnen. Die wenigsten von uns haben sich jemals selbst beschrieben, es sei denn in Bewerbungen, die lediglich eine Aufzählung von schulischen Ausbildungen und beruflichen Tätigkeiten sind.

Allzu gerne belügen wir uns, wenn es darum geht, ein klares Bild von uns zu zeichnen. Entweder wir untertreiben unsere Qualitäten oder wir überzeichnen sie. Nehmen wir uns jede Variante einzeln vor:

1. Du magst von Dir ein überwiegend negatives Bild haben. Es ist schwierig für Dich, an Dir eine gute Eigenschaft zu finden. Und wenn, dann ist sie doch gar nicht der Rede wert. Es fällt Dir nicht leicht, lobend und anerkennend von Dir zu sprechen. Das nimmt Dir nicht nur Deine Lebensfreude, sondern vergiftet jede Deiner Handlungen. Falsche Bescheidenheit ist keine Zier und macht Dich nicht liebenswerter. Kein Mensch hat nur negative Eigenschaften!
2. Du magst Dich stark mit Deinen positiven Eigenschaften identifizieren. Du bist ausgesprochen selbstbewußt. Du hast nichts an Dir auszusetzen. Vielleicht denkst Du, alles Negative durch positives Denken in den Griff kriegen zu können. Doch wir sind überzeugt: Kein Mensch ist frei von Schwächen! Kann es sein, daß Du die Deinen gut versteckt hältst?

Kapitel 5

Frau Königin, Ihr seid die Schönste im ganzen Land ... oder wie mich andere sehen

Eine sehr gute Möglichkeit, Dein Selbstbild zu überprüfen und eventuell zu korrigieren ist, andere Menschen zu fragen, welche Meinung sie von Dir haben. Wichtig dabei ist, daß Du keine Bestätigung für Deine Meinung über Dich selbst suchst, sondern eine offene, ehrliche Rückmeldung, wie andere Menschen Dich wahrnehmen.
Allzu leicht flüchten wir uns in kleine Schwindeleien, wenn es darum geht, einem anderen Menschen zu sagen, daß uns sein Kleid nicht gefällt, daß wir seinen Putzfimmel übertrieben finden oder seinen Partner nicht mögen. Da wir den anderen nicht verletzen wollen, sind wir in der Regel nicht ehrlich miteinander und reden hinter dem Rücken unserer Freunde mit Dritten über ihre Fehler und Schwächen.
Achte also bei der folgenden Übung darauf, daß Du Menschen befragst, denen Du vertraust. Frage niemanden, der in irgendeiner Art von Abhängigkeit zu Dir steht, sei es eine Arbeitskollegin, die Dir untergeben ist und Dir vielleicht schmeicheln will, sei es ein guter Freund, der Dich anhimmelt und der gar nicht in der Lage ist, Deine Schwächen zu sehen. Es ist ebenfalls nicht ratsam, Menschen zu befragen, mit denen Du im Streit oder Kampf lebst. Von ihnen wirst Du zwar mit aller Wahrscheinlichkeit erfahren, was sie an Dir nicht mögen, aber dieses Urteil ist nicht zweckfrei und kann unter Umständen sehr verletzend sein. Und darum kann es bei dieser Übung nicht gehen.
Wähle also einen oder mehrere Menschen Deines Vertrauens aus, die Dir ehrlich und in liebevoller, unterstützender Absicht sagen können, wie sie Dich wahrnehmen. Mache dabei ganz deutlich, worum es Dir geht und daß sie nichts beschönigen sollen. Stelle folgende oder ähnliche Fragen:

- Welches Bild hast du von mir?
- Wie nimmst du mich wahr?
- Was sind deiner Meinung nach meine Stärken und Schwächen...
  ...in meinen Beziehungen zu Männern?
  ...in meinen Beziehungen zu Frauen?
  ...in meiner Beziehung zu meinem Partner/meiner Partnerin?
  ...im Arbeitsbereich?
  ...in meinem Umgang mit Geld?
  ...in meinem Gefühlsleben?
  ...im geistigen Bereich (meine Einstellungen, Überzeugungen)?
  ...im Umgang mit mir selbst, meinem Körper?
- Wo glaubst Du, schränke ich mich zu sehr ein, halte ich mich zu sehr zurück?
- Welche Qualitäten habe ich überentwickelt?
- Was in mir steht Deiner Meinung nach meinem Wachstum im Weg?

Vielleicht passiert diese Rückmeldung schriftlich, vielleicht möchtest Du diese Dinge lieber in einem persönlichen Gespräch klären. In einem Kreis von Freunden oder Freundinnen kann diese Übung besonders hilfreich sein. Sie schafft eine Atmosphäre von Vertrauen und Offenheit und mag so mancher langjährigen Freundschaft neue Impulse geben.

Wir sind auf den Spiegel von anderen Menschen angewiesen, um uns selbst wahrzunehmen und weiterzuentwickeln. Vielleicht wirst Du Deine Meinung über Dich bestätigt finden, vielleicht erkennst Du aber auch, daß einige Deiner Verhaltensweisen von Deinen Freunden völlig anders wahrgenommen werden als Du dachtest. So könnte es beispielsweise sein, daß Deine Schüchternheit und Unsicherheit im Umgang mit anderen Menschen als Hochmut und Distanziertheit interpretiert wird. Vielleicht wunderst Du Dich auch, daß Du auf Ablehnung oder gar Wut stößt, wenn Du besonders nett bist und anderen alles recht machen willst.

Beobachte sehr aufmerksam, wie Du auf die Rückmeldungen Deiner Freunde reagierst:
- Fällst Du in Dich zusammen wie ein Kartenhaus, und bekommst Du Schuldgefühle?
- Fühlst Du Dich angegriffen, klein und schwach, minderwertig und schlecht?

– Bist Du enttäuscht, weil Du insgeheim doch Bestätigung gesucht hast?

Nimm die Rückmeldungen anderer Menschen als wertvollen Hinweis auf ein eventuelles Ungleichgewicht in Deinem Leben, aber mache Dich nicht abhängig von der Meinung anderer.

– Lehnst Du kategorisch alles ab, was nicht in Dein Selbstbild paßt?
– Läßt Du wie ein trotziges Kind nichts an Dich heran, um den Schmerz Deiner Unzulänglichkeit nicht spüren zu müssen?
– Freust Du Dich über die neuen Impulse, die Du erhalten hast?
– Kannst Du Lob, Komplimente annehmen?

Gehe weder in das eine noch in das andere Extrem. Beobachte einfach nur, was sich in Dir tut, ohne sofort mit Urteilen Deine Bewußtheit abzuschneiden. Nimm die Rückmeldungen anderer Menschen als wertvollen Hinweis auf ein eventuelles Ungleichgewicht in Deinem Leben, aber mache Dich nicht abhängig von der Meinung anderer, indem Du Dein Verhalten nun sofort änderst und Dich auf ihre Bedürfnisse einstellst.

Kapitel 6

Nobody is perfect ... oder ich mag mich, wie ich bin

In den vorangegangen Kapiteln magst Du einige Dinge gefunden haben, die Du an Dir nicht besonders magst und gern verändern würdest. Natürlich ist es menschlich und verständlich, daß Du bestimmte Verhaltensweisen am liebsten sofort loswerden willst, weil sie Dir Schwierigkeiten bereiten. Doch gerade der brennende Wunsch, frei zu sein von bestimmten Dingen, macht uns unfrei. Der Weg unserer Veränderung und Vervollkommnung läuft nicht über Ablehnung, sondern über das Annehmen aller Aspekte unseres Wesens. Wenn Du Deine Ängstlichkeit ablehnst, gibst Du ihr unbewußt Energie. Und weniger wird sie durch Dein Wegschieben auch nicht.

Der Weg unserer Veränderung und Vervollkommnung läuft nicht über Ablehnung, sondern über das Annehmen aller Aspekte unseres Wesens.

Wenn Du lassen kannst, was ist, wird sich das richtige Tun schon von selbst einstellen. Andererseits heißt sich akzeptieren nicht, daß Du nichts tust. Es ist eine feine Gratwanderung zwischen Tun und Lassen. Stecke Deine Energie beim Tun nicht in unerreichbare Ziele, sondern naheliegende, veränderbare Dinge.

Bewertest Du zum Beispiel Deine Kleinwüchsigkeit als negativ, wirst Du trotz aller Bemühungen Deinen Körper nicht verändern können. Empfindest Du Deine Schüchternheit als einen Mangel, kannst Du sehr wohl in kleinen Schritten Deine Kontaktfähigkeit und Offenheit trainieren. Fühlst Du Dich ängstlich, mußt Du der Angst nicht nachgeben, sondern kannst gerade das tun, was Dir Angst macht!

Wenn ein Kind aus Deinem Bekanntenkreis Dir all die negativen Verhaltensweisen, die Du über Dich aufgeschrieben hast, von sich erzählen würde – wie würdest Du als Erwachsener darauf reagieren? Würdest Du das Kind beschimpfen und bestrafen, oder würdest Du es tröstend in den Arm nehmen, ihm sagen, daß es in Ordnung ist, so wie es nun einmal ist? Würdest Du es von Dir wegschieben oder würdest Du ihm verständnisvoll zuhören, ihm konkrete Lösungshilfen vorschlagen?

Wir alle tragen dieses kleine, verletzbare Kind in uns. Sei etwas nachsichtiger mit ihm! Nimm Dir öfter Zeit, Dein inneres Kind zu umarmen, ihm zuzuhören, Trost zu spenden oder aber ihm klare Grenzen zu setzen. Nimm Dich an, mit all Deinen Unzulänglichkeiten, und etwas Magisches wird passieren: Sie werden von Dir abfallen wie ein reifer Apfel vom Baum.

Eines sollte Dir klar sein: Ein «Ja» zu Dir kann unter Umständen ein «Nein» zu anderen Menschen bedeuten. Du mußt die Konsequenzen dafür tragen. Doch Erwachsensein bedeutet Verantwortung für Deine Handlungen tragen, ohne dabei ein schlechtes Gewissen zu haben. Laß Deine Ideale fallen, sie erdrücken Dich nur. Stell keine übermenschlichen Maßstäbe an Dich. Mensch sein heißt, unzulänglich sein, auch wenn das der Perfektionist in Dir nicht wahrhaben will!

Ein «Ja» zu Dir kann unter Umständen ein «Nein» zu anderen Menschen bedeuten.

Und überhaupt: Lach mehr über Dich! Wenn Du mit Dir in dem Theater Deines Lebens nicht Spaß haben kannst, wer sonst? Lachen hat eine heilende, transformierende Kraft – es löst uns von überstarken Identifikationen und befreit das Kind in uns.

Die folgende Übung soll Dich unterstützen, das «Ja» zu Dir wieder lebendig werden zu lassen und zu stärken.

Die «Ja»-Meditation

Setze oder lege Dich in eine Dir angenehme Position. Du kannst die Übung auch zum Einschlafen und beim Aufwachen machen. Lenke die Aufmerksamkeit auf Deinen Atem und beginne, bei jedem Ausatmen innerlich «ja» zu sagen:

- *Ja zu Deinem Körper.*
- *Ja zu den Verspannungen, die Du vielleicht spürst.*
- *Ja zu den Gefühlen, die du gerade hast.*
- *Ja zu den Gedanken, die Dir durch den Kopf gehen.*
- *Ja zu Deiner momentanen Lebenssituation.*
- *Ja zu Deiner Verwirrung und Hilflosigkeit.*
- *Ja zu Deinem größten Problem.*

- *Ja zu Deiner Unzulänglichkeit.*
- *Ja auch zu Deinem «Nein».*
- *Ja zu Dir.*

Stell Dir vor, wie dieses «Ja» mit jedem Ausatmen Deinen Körper durchspült und all Deine «Probleme» auflöst. Spüre die Entspannung und dir Freude, die dieses «Ja» mit sich bringt. Es gibt nichts für Dich zu tun in diesem Moment. Du kannst einfach nur entspannen und loslassen. Diese Übung kann fünf Minuten oder auch eine ganze Stunde dauern.

Das Selbstgespräch

Ob Du es willst oder nicht, Du führst ständig Selbstgespräche mit Dir, auch wenn Du nicht laut vor Dich hinplapperst. Warum nutzt Du nicht gelegentlich ganz bewußt diesen Dialog und tröstest, beruhigst oder motivierst Dich?
Als Kinder waren Selbstgespräche für uns ganz normal. Fast jede unserer Handlungen wurde von lauten Kommentaren begleitet – und die Eltern freuten sich darüber. Doch je älter wir wurden, desto mehr verstummte das Gespräch mit uns selbst. Übrig bleibt meist nur die spontane Wutentladung, wenn uns jemand den Parkplatz wegnimmt oder wir versehentlich die falsche Zeile im Computer gelöscht haben.
Sprich wieder einmal laut mit Dir selbst, mit dem besten Freund in Dir. Zunächst einmal hat der Klang Deiner eigenen Stimme eine beruhigende Wirkung. Du hast das Gefühl von Geborgenheit und menschlichem Kontakt. Der laute Dialog mit Dir ordnet Deine diffusen Gedanken und verlangsamt das schnell ablaufende Geplapper Deines Verstandes. Zusammenhänge oder Widersprüche werden deutlich, Lösungswege offensichtlich. Selbst Manager trainieren diese Methode der verbalen Selbstkontrolle in ihren Seminaren.

Sprich einmal laut mit Dir selbst, mit dem besten Freund in Dir.

Das laute Selbstgespräch bewährt sich vor allem in Streß- und Konfliktsituationen: Es gibt soviel zu bedenken und tun, daß Du gar nicht weißt, wo Du anfangen sollst. So viele verschiedene Stimmen reden in Deinem Kopf durcheinander, bekämpfen sich gegenseitig und machen eine Entscheidung unmöglich. Irgend etwas brodelt in Dir, doch Du weißt nicht, was es ist. In einer solchen Situation kannst Du Dir selbst mit Rat und Tat, Trost, Lob oder Kritik zur Seite stehen – so wie Du es bei Deinem besten Freund tun würdest:

«Mein Gott, was soll ich nur tun? Na ja, jetzt erst einmal langsam. Eines nach dem anderen. Das schaffe ich schon! Ich werde schon Klarheit gewinnen! Schließlich habe ich schon andere Probleme in den Griff bekommen. Zuerst werde ich Gerda bitten, mir die Kinder am Nachmittag abzunehmen. Dann werde ich meinen Frisörtermin verschieben...»

Sprich alles aus, was Dir im Kopf herumgeht und höre Dir dabei zu! Wie zwei oder mehrere Partner, die einen Konflikt klären, indem sie Stellung beziehen oder eine Entscheidung von allen Seiten betrachten, das Pro und Contra abwägen, so kannst Du im Zwiegespräch mit Dir Deine Gedanken reflektieren und Lösungsmöglichkeiten finden.

Darüber hinaus ist das laute Selbstgespräch eine gute Vorbereitung für den Ernstfall: Falls Dir ein wichtiges Gespräch bevorsteht, kannst Du vorher im Alleingang einen Test machen, was und wie Du es sagen willst. Lausche auf Deine Stimme: Wann wirst Du unsicher und leise oder laut und aggressiv usw.?

Nimm öfter die Gelegenheit des Eigendialogs wahr. Lobe Dich für das gelungene Essen, sprich Dir Mut zu, wenn Du Angst hast, tröste Dich, wenn Du traurig bist. Worte sind eine starke Kraft. Laut ausgesprochen haben sie weit mehr Gewicht, als wenn sie nur diffuse Gedanken in Deinem Kopf sind.

Der Selbstliebetag

Wenn Du Dir selbst Dein bester Freund/Deine beste Freundin wärst, wie würde dann Dein morgiger Tag aussehen? Trage den Tagesablauf in diese Liste ein:

____

____

____

____

Wie würdest Du morgen Deinen Körper behandeln, wenn Du Dich wirklich lieben würdest?

Was würde sich an Deiner Partnerschaft/Deinen Beziehungen verändern, wenn Du Dir selbst Dein bester Freund wärst?

Wie würde Dein morgiger Arbeitstag aussehen?

Kapitel 7

Wunschlos glücklich?

Viel von Deiner inneren Unzufriedenheit machen Deine unerfüllten Wünsche, Träume und Sehnsüchte aus. Diese Unerfülltheit kann wie eine dunkle Wolke auf Deiner Seele liegen und Dir viel Lebensfreude nehmen. Sei Dir jetzt Dein bester Freund und schwelge einmal hemmungslos in Deinen Wünschen. Schreibe alles auf, was Du Dir wünschst:

- *materielle Dinge*
- *Verhaltensweisen*
- *Gefühlsleben*
- *Liebe*
- *Beziehungsveränderung*
- *Arbeit*
- *Wohnsituation*
- *Wohnort*
- *spirituelle Ziele usw.*

Formuliere Deine Wünsche so konkret wie möglich. Falls Du Probleme damit hast, forsche danach, was Dich interessiert, was Dich belebt, was Dich begeistert. Wenn Du einen wirklich brennenden Wunsch hast, wirst Du Dich bei seiner Vorstellung lebendig, wach und aufgeregt fühlen! Was Du Dir vom Leben wünschst, kannst Du auch daran erkennen, welche Filme oder Sendungen Du Dir im Fernsehen ansiehst. Möchtest Du mehr Spannung, Aufregung, Sex, Information, Wissenschaft, Kultur, Reisen, Theater, Komödie, Abwechslung, neue Impulse?
Nimm Dir für Deine Liste genügend Zeit, mancher braucht eine Stunde, ein anderer mehrere Tage. Laß Deine unvollständige Liste offen dort liegen, wo Du sie immer sehen kannst, und ergänze sie, bis Dir nichts mehr einfällt. Der Raum im Buch wird dafür nicht ausreichen.

Lies erst weiter, wenn Deine Liste fertig ist und Du Dir die drei wichtigsten Wünsche markiert hast!

Meine Wünsche:

Nun, wie ging es Dir mit den Wünschen?

- Ist es Dir schwergefallen, Dir etwas zu wünschen? (Wo bleibt Deine Kreativität...)
- Warst Du unentschlossen? (Entscheidung ist der erste Schritt...)
- Hast Du Wünsche weggeschoben oder verworfen? (Sagtest Du Dir, daß *«Dir so etwas sowieso nicht passiert», «Du doch nie Glück hast» oder «...das immer nur anderen zufällt».* Wo bleibt Dein Vertrauen...)
- Hattest Du Befürchtungen, Du müßtest zuviel dafür tun? (Du weißt, ohne Fleiß kein Preis...)
- Hat es Dir Freude gemacht, Dir zu wünschen, was Dein Herz begehrt?
- Sind Dir völlig neue Dinge eingefallen, die Dir noch gar nicht bewußt waren? (Ist es nicht wunderbar, wie erfinderisch Du sein kannst...)

Wünsche werden wahr

Grundsätzliches zum Wünschen: Jeder Wunsch ist ein Gedanke. Ein Gedanke setzt etwas in Bewegung. Ausgangspunkt jeglicher Manifestation von Dingen ist eine Idee, ein Wunsch. Nehmen wir an, Du willst Dir Dein eigenes Haus bauen. Zuerst ist da die Idee, nur vage, dann immer konkreter. Dann machst Du Dir einen Plan, suchst einen Platz, klärst die Finanzierung. Wenn das alles getan ist, kaufst Du den Platz und beginnst mit dem Bau. Schließlich ziehst Du in Dein Haus ein. Je klarer Dein Gedanke, also Dein Wunsch, ist, desto treffsicherer wird er erfüllt werden. Schon das positive, freudige Denken an den Wunsch wird seine Erfüllung verstärken. Deswegen wird Dich Deine Wunschliste Deinen Wünschen ein gutes Stück näher bringen.

Je klarer Dein Gedanke, also Dein Wunsch ist, desto treffsicherer wird er erfüllt werden.

Wie Du wohl zuvor gemerkt hast, führt das Schreiben zu einer Konzentration auf den Wunsch und kristallisiert ihn. Kristallisierte Gedanken sind eine starke Macht. Voraussetzung für die wahre Erfüllung ist aber, daß Du Deine Negativprogramme (Glaubenssätze) durchschaust, welche die Wunscherfüllung verhindern. Sie könnten lauten: *«Das werde ich sowieso nicht bekommen.» «Das steht mir nicht zu.»*

«Soviel Glück hat doch niemand.» «Ich werde es nie zu etwas bringen.» «Dazu fehlt mir das Geld...» «Dafür bin ich noch zu jung, schon zu alt» usw. Wenn also langgehegte Wünsche immer noch nicht in Erfüllung gegangen sind, dann mache Dir klar:

Die Dinge passieren nicht, wie Du sie willst, sondern wie Du sie glaubst!

Wichtig ist, daß Du Dir den Wunsch mit dem dazugehörigen Gefühl vorstellst. Stelle Dir also jetzt Deinen wichtigsten Wunsch vor und spüre, wie Du Dich bei seiner Erfüllung fühlen würdest. Nur, wenn Du es wirklich körperlich fühlen kannst, hast Du Deinem Wunsch die erforderliche Kraft gegeben! Nachdem Du Deine Wünsche klar formuliert hast, läßt Du sie wieder los. Arbeite nicht krampfhaft an ihrer Erfüllung. Übe keine Gewalt aus. Strenge Dich nicht übermäßig an. Das bedeutet Leistungsdruck und wird Dir keine Freude bringen! Verzichte nicht auf Deine Zufriedenheit im Hier und Jetzt, indem Du einem Ziel in der Zukunft nachjagst. Behalte das Ziel im Auge, aber kämpfe nicht zu sehr dafür.

Der Urwunsch... oder der Wunsch hinter dem Wunsch

Wünsche sind sehr trickreich. Von allen Seiten wird Dir suggeriert, daß Du dieses oder jenes brauchst, um zeitgemäß gekleidet, geschminkt oder gestylt zu sein, daß Du ab jetzt diesen Sport ausüben solltest, Dein Auto längst veraltet ist, Deine Möbel mittlerweile völlig geschmacklos sind usw. Sei also vorsichtig mit Deinen Wünschen – sind sie Deine, oder will jemand von Dir, daß Du sie hast?

Sei also vorsichtig mit Deinen Wünschen – sind sie Deine oder will jemand von Dir, daß Du sie hast?

Laß uns Deine Wünsche einmal genauer betrachten. Was erhoffst Du Dir von ihrer Erfüllung? Was willst Du wirklich?
Steht hinter Deinem Wunsch vielleicht ein ganz anderer Wunsch?
Wir möchten Dir eine Hilfestellung geben: Mit allem, was Du Dir wünschst, wirst Du ein Gefühl verbinden, wenn Du es hast. Wie fühlst Du Dich, wenn Du das neue Auto, das neue

Haus, den modischen Mantel, den Goldring oder das neue Porzellangedeck hast? Bleiben wir beim Beispiel eines neuen Autos: Du hast es Dir sehnlichst gewünscht. Rational hast Du (Dein Verstand) Dir genügend Gründe geschaffen: Es sieht so schön aus, ein Kabriolett ist gut für die heißen Sommertage, es hat den praktischen Vierradantrieb für Geländefahrten, es fährt schneller, ist leiser, viel bequemer, das alte Auto rostet schon usw. Endlich hast Du den Kredit erhalten oder das notwendige Geld gespart und Dein Traumauto gekauft. Anfangs betrachtest Du es stolz und voller Freude. Du bist glücklich, wenn Du in ihm sitzt. Aber dieses Glücksgefühl verfliegt nach Tagen oder wenigen Wochen. Das Auto wird zur Gewohnheit, seine Leasingraten werden gar lästig. Was ist geschehen? Du hast versucht, Dir mit diesem Auto einen beglückenden Gefühlszustand zu erkaufen. Mit der Gewohnheit ist die Freude verschwunden. Du wirst feststellen, daß sich hinter jedem Wunsch immer der gleiche Urwunsch versteckt. Dieser Urwunsch lautet: Ich wünsche mir Zufriedenheit, Glück, Sicherheit, Liebe, Harmonie und Freiheit. Wir alle wollen also mit äußeren Dingen unseren Wunsch nach innerer Zufriedenheit und Glück herbeiführen. Der Urwunsch zielt immer auf einen Seinzustand ab, der mit Dingen nur kurzfristig zu erzielen ist. Du wirst neue Dinge brauchen. Immer und immer wieder.

Wir alle wollen also mit äußeren Dingen unseren Wunsch nach innerer Zufriedenheit und Glück herbeiführen.

Sehe Dir noch einmal Deine drei wichtigsten Wünsche an. Hinterfrage sie gründlich und Du wirst auf Deinen Urwunsch stoßen, falls dieser nicht schon direkt von Dir erkannt und erwähnt ist. Die folgende Fragetechnik soll Dir beim Aufspüren Deiner Urwünsche helfen:

> Yvonne wünscht sich ein neues, teures Designerkleid.
> Frage: *Warum?*
> Yvonne: *Das Kleid paßt gut zu mir, es steht mir wunderbar, weil es fabelhaft mit meiner Haarfarbe harmoniert. Außerdem ist es sehr modisch.*
> Frage: *Warum soll es Dir gut stehen und zu Deiner Haarfarbe passen?*
> Yvonne: *Ich ziehe das Kleid nur an, wenn ich ausgehe. Dann will ich gut aussehen und auch auffallen. In dem Kleid sehe ich begehrenswerter aus.*

Frage: *Was passiert, wenn du gut aussiehst, auffällst und begehrenswert wirkst?*
Yvonne: *Dann wird man auf mich aufmerksam, und ich komme besser mit anderen in Kontakt.*
Frage: *Warum möchtest du Aufmerksamkeit und mehr Kontakt?*
Yvonne: *Ich möchte Anerkennung und, na ja, Zuwendung.*
Frage: *Wie fühlst Du Dich, wenn Du Anerkennung und Zuwendung bekommst?*
Yvonne: *Ich fühle mich geliebt. Und dann bin ich glücklich.*

Wenn Du weißt, was Dein wirklicher Wunsch, Dein Urwunsch, ist, kann so mancher Wunsch hinfällig werden. Zufriedenheit, Glück, Harmonie entspringen Deinem Wesen. Wenn Du nicht jetzt glücklich sein kannst, wird Dich auch die neue HiFi-Anlage nicht lange beglücken. Glück ist nur bedingt abhängig von Dingen und anderen Menschen, es kommt von innen. Du hast die Liebe, das Vertrauen, die Zufriedenheit, die Harmonie, die Du Dir von anderen wünschst in Dir. Es ist, wie wenn Du vergessen hättest, daß Du genügend Geld auf dem Konto hast und bei der Bank um einen Kredit nachfragst. Erinnere Dich an Deinen natürlichen Zustand. Suche in Dir, anstatt nur im Außen nach Liebe und Geborgenheit zu suchen.

Zusammenfassung zu Wünsche

Wünsche sind eine starke Kraft. Sie verdrängen heißt, Deine innere Stimme zum Schweigen bringen und Deine Phantasie einschränken.

Wünsche sind in die Zukunft gerichtete Phantasien – etwas Schönes, Belebendes, was Dein Geist produziert.

Genau zu wissen, was Du willst, fördert die Erfüllung Deiner Wünsche. Damit bestimmst Du präzise, was Dir passiert und wie es passiert. Du übernimmst die Verantwortung für Dein Leben.

Wünschen heißt wählen. Sei Dir bewußt, was Du Dir wirklich wünschst (Urwunsch). Damit können sich so manche nutzlose Wünsche auflösen.

Steh zu Deinen Wünschen, so daß Du nicht im Wunsch hängenbleibst. Mach sie nicht von anderen abhängig, um sie erfüllen zu können.

Gehst Du einen Schritt auf das Leben zu, kommt es Dir tausend Schritte entgegen. Du mußt den ersten Schritt selbst machen.

Keinen Wunsch zu haben, könnte Dein größter, befreiender Wunsch sein. Denn: Wunschlos ist der Mensch glücklich. Glücklich ist ein Mensch ohne Wunsch.

Kapitel 8

Alles hat seine Zeit

«Ich habe nie Zeit für mich!»
«Zeit ist Geld.»
«Die Zeit verrinnt mir zwischen den Fingern.»
«Wenn ich nur mehr Zeit hätte, dann würde ich...»

Gehörst Du auch zu denjenigen Menschen, die selten Zeit haben, sich keine Zeit gönnen und sich hetzen? Oder weißt Du nicht, was Du mit Deiner Zeit machen sollst? Langweilst Du Dich?

Zeit ist ein sonderbares Phänomen. Sie ist der Raum zwischen dem, was im Moment ist, und dem, was zukünftig sein wird, sein könnte oder sollte. Zeit spielt sich im Rahmen zwischen Deiner Geburt und Deinem Tod ab – Deine Lebenszeit. Zeit ist ein sehr veränderliches Phänomen: Bist Du glücklich, vergeht sie sehr schnell. Bist Du unglücklich, erscheinen Dir wenige Minuten wie eine Ewigkeit. Gibt Dein Verstand einmal Ruhe, so während der Meditation, in den Armen eines geliebten Menschen oder beim stillen Betrachten eines Sonnenuntergangs, kann sie sogar stillstehen.

Dir keine Zeit geben, kann eine Flucht sein – ein Weglaufen vor Dir selbst.

In unserer hektischen Zeit ist es gar nicht einfach, den Zwängen zu entkommen und sich Zeit zur Muße zu gönnen. Ist der langersehnte Urlaub endlich da und Du räkelst Dich faul im Liegestuhl, wirst Du sehr schnell unruhig. Der ganze Streß, der in Dir steckt, kommt zum Vorschein. Schnell packst Du wieder jede freie Minute voll mit Aktivitäten, anstatt einfach einmal auszuruhen...

Es gibt so viele rational zwingende Gründe, Deine Zeit mit Tätigkeiten vollzustopfen. Von den Überstunden, die Du machen mußt, weil sonst Dein beruflicher, finanzieller Erfolg leidet, bis zur aufopfernden Hausarbeit für die Familie, ohne die Du Dich nicht als gute Mutter oder Ehefrau fühlen würdest. Um Mißverständnissen vorzubeugen: Muße heißt nicht, Deine Pflichten zu vernachlässigen. Dazu wollen wir Dich nicht animieren.

Hast Du Dir schon einmal Gedanken darüber gemacht, wie Du mit Deiner Zeit umgehst? Dir keine Zeit geben kann eine Flucht sein – ein Weglaufen vor Dir selbst. Muße ist in unserer Gesellschaft fast schon ein Tabu. Hast auch Du ein schlechtes Gewissen, wenn Du nichts tust? Meinst Du, mit viel Tun könntest Du Dir Zeit in der Zukunft erkaufen?

Ein reicher Europäer kommt auf eine Insel in der Südsee. Dort sieht er einen Eingeborenen am Strand sitzen. Er fragt ihn, ob er nichts zu tun hat. «Nein, wozu sollte ich?» antwortet der Eingeborene. «Du könntest arbeiten und dir dann etwas Schönes leisten», erwidert der Europäer. «Was sollte ich mir denn leisten?» «Nun, du könntest dir dann eine schöne Zeit machen und...», der Europäer stockt im Satz. «... etwa verreisen, am Strand sitzen und aufs Meer schauen?» «Das mache ich doch jetzt schon!» sagt der Eingeborene und lehnt sich wieder zurück.

Wie nimmst Du Dir also Zeit für Dich? Du nimmst Dir Freizeit! In dieser Freizeit planst Du soviel wie möglich, damit sie gut genutzt wird. Das Gegenteil davon wäre genießendes Faulenzen. Doch das will gelernt sein. Deine Freizeit nutzt Du am besten, wenn Du Dich mit Zeitlosem beschäftigst: Ein Buch langsam und gut lesen, eine Arbeit bewußt und freudig machen, schlafen, dösen, ziellos spazierengehen, aus dem Fenster schauen, auf einer Parkbank ausruhen, Menschen beobachten, ein schönes Essen für Dich und Deine Freunde zubereiten, mit anderen Menschen zusammensein. Letzteres verlängert Deine Zeit: Wenn geteiltes Leid halbes Leid ist, dann ist geteilte Zeit doppelte Zeit! Schenke anderen Deine Zeit, das ist ein schönes Geschenk.

Beherrschst Du die Kunst des Nichtstuns, so wird dies positive Auswirkungen auf die Zeiten Deiner Aktivität haben.

Ein streßfreies Erleben der freien Zeit, einer Zeit der Muße, setzt allerdings die Fähigkeit voraus, Lust, Freude und Stille ertragen zu können. Mußt Du überall dabeisein, alles konsumieren, was Dir Kultur, Sport, Vergnügen, Vereine usw. anbieten? Langweilst Du Dich ohne ein von außen aufgesetztes Programm? Muße ohne Langeweile ist eine hohe Kunst geworden. Beherrschst Du die Kunst des Nichtstuns, so wird dies positive Auswirkungen auf die Zeiten Deiner

Aktivität haben: Der Streß wird weniger werden. Du kannst Dinge schnell tun und doch dabei Deine innere Ruhe bewahren. Wie heißt das kluge Sprichwort? Eile mit Weile!
Auch beim Umgang mit Deinen Zielen, Deiner Wunscherfüllung und Deinen Problemen spielt Zeit eine interessante Rolle. Bist Du vielleicht der Typ des Aufschiebers, des Unentschlossenen? Redest Du immer vom Morgen, schlägst Du Deine Zeit mit abwarten tot? Du drückst Dich vor Entscheidungen, bis es hoffentlich nichts mehr zu entscheiden gibt. Du schiebst die Verantwortung für Dein Leben ab, aus Angst, Fehler zu machen. So wartest Du, wie sich das Leben entscheidet: Auf diese Weise meistens zu Deinem Nachteil. Viele Menschen verhalten sich so, als ob das Leben ewig währt. Dabei ist es kurz, die Zeit ist knapp und kostbar. Irgendwann ist Dein letzter Tag, Deine letzte Minute, und Du kannst nichts mehr verändern. Entscheide Dich jetzt für Dein Leben!
Bist Du der Ungeduldige, der Antreiber? Willst Du ständig Zeit sparen? Redest Du von jetzt oder nie, ich kann es nicht erwarten, ich habe keine Zeit? Dann hast Du die Kunst, den richtigen Moment abzuwarten, noch nicht gelernt. Du arbeitest wider Deine Natur und empfindest Dein Tun als anstrengend, Du verspannst Dich, Du stehst unter permanentem Leistungsdruck. Heute muß es noch passieren, ich könnte ja etwas verpassen, morgen kann es zu spät sein... Der richtige Moment kommt immer. Manchmal bedarf es des geduldigen Wartens und Beobachtens.
Bist Du einer von den jungen Menschen, die schon mit 25 Jahren ein weiser Guru, ein Industrieboß oder ein weltbekannter Star sein wollen? Dann stehst Du natürlich unter einem gewaltigen Druck. Da darfst Du keinen Fehler machen und nie ruhen. Du mußt immer über den Dingen stehen und Deine kindlichen Regungen, die Dich zum Menschen machen, verdrängen. Genauso anstrengend wäre es, im Alter von 60 Jahren eine Tänzerkarriere beginnen zu wollen. Sähe das nicht albern aus?
Deine innere Stimme und Dein Körper sagen Dir sehr präzise, wann Du etwas tun oder lassen sollst. Sie sind Dein einziger Maßstab auf dem Weg der goldenen Mitte zwischen dem Abwarten und der Aktivität. Um Deine innere Stimme zu hören, brauchst Du Zeiten der Stille und des Nichtstuns. Aus ihnen kannst Du die Kraft schöpfen, in Zeiten der Aktivität wach und klar zu sein. Alles hat seine Zeit...

Teil 3

Ein Selbstliebe-programm . . . oder Freundschaft schließen mit Körper, Geist und Seele

Kapitel 9

Liebe deinen Körper

Ich (Erich) lebte in den USA, dem Land der Körperkultur, Fitneß, Jane Fondas und Arnold Schwarzeneggers. Irgendwann begann meine Freundin zu entdekken, daß sie zu dick wurde. Da viele ihrer Bekannten bereits seit langem den örtlichen Fitneßclub, den Santa Fe Spa, besuchten, lag es also nahe, dort am Aerobicprogramm teilzunehmen. Bald hörte ich von ihr, wie gut es auch mir tun würde, dort Workout (dt.: Muskelarbeit) zu machen. Ich säße ja nun, ausgenommen von gelegentlichem Schwimmen und Tennisspielen, nur noch herum. Nach mehreren gut plazierten Abwehrschlägen mit meiner besten Rückhand lenkte ich ein – vielleicht war es ja wirklich gut für mich.
Ich ging zum Fitneßclub und ließ mich zum Workout-Raum führen. Vor mir lag ein riesiger Saal voller Menschen und Fitneßgeräten. Als ich meinen Körper neben den muskelbepackten Vertretern meiner Spezies sah, überfiel mich das dumpfe Gefühl, klein und schwach zu sein. Verunsichert wandte ich mich der Frau am Schreibtisch zu, die offensichtlich den Laden organisierte und schon mehrere Jahre «geworkoutet» haben mußte. Ihr Körper war perfekt muskulös ausgebildet – Arnold Schwarzeneggers weibliches Pendant trug einen fleischfarbenen, hautengen Body mit kurzen Shorts. Sie unterwies mich in den Regeln des Muskeltrainings. Es sei auch ganz einfach: Neben jedem Gerät seien Hinweise zu finden, in welcher Reihenfolge man es nutzen und wieviel Übungen Anfänger und Fortgeschrittene machen sollen. Ich entschied mich für die Anfängerklasse und begann mit einem leichten Gerät zum Anwärmen. Während ich meine Brustmuskeln in einem unbeschreiblich kompliziert aussehenden Gerät dehnte, blickte ich mich um: Menschen streckten, dehnten, bogen sich. Gewichte wurden unter lautem Gestöhne von gebräunten Männern ge-

stemmt, deren Oberarmmuskeln so stark wie meine Oberschenkel waren. Ich schrumpfte, mein Selbstwertgefühl schwand. Auf Laufbändern joggten Frauen, in hautengen, aufreizenden Outfits und unterhielten sich lautstark über ihre Jobs. Auf einer langen Reihe von Trimmrädern radelten sich mit Kopfhörern und Walkmen ausgestattete Workouter schwer atmend im Spiegel entgegen. In einer Ecke lief ein Mann mit verbissenem Gesichtsausdruck in einer Skilanglaufmaschine. Laut dröhnte die aktuelle Disco-Musik, Gewichte knallten auf den Boden, Metall schlug gegen Metall, es roch nach Schweiß und Desinfektionsmitteln.

Zwei Stunden verbrachte ich mit Schwerstarbeit. Gesprochen habe ich mit niemandem. Die meisten waren zu sehr mit ihrem Spiegelbild beschäftigt, hatten Kopfhörer auf oder schienen in die innere Betrachtung ihrer Muskeln vertieft. Ich verließ den Raum mit zitternden Beinen und schmerzenden Händen. Draußen ging gerade die Sonne hinter den rotglühenden Bergen mit ihren weißen Schneekappen unter, die Luft war warm und roch nach Zedern, Wacholder und Salbei…

Jeder Körper ist einzigartig und hat seine individuelle Schönheit. Doch was schön zu sein hat, entscheiden die Titelblätter der Zeitschriften und Modejournale. Sie diktieren uns ein Schönheitsideal. Da lächeln sie Dich an, die Schlanken, Ranken, Braungebrannten, ewig Jungen, die Gestylten und Muskelbepackten. Nun, über Ideale und ihre Folgen haben wir ja schon gesprochen.

Dein Körper ist ein wundervoller, äußerst komplexer Mechanismus. Ein wahres Meisterstück der Natur. Er verdient es, daß Du ihm viel Aufmerksamkeit schenkst.

Dein Körper ist ein wundervoller, äußerst komplexer Mechanismus. Ein wahres Meisterstück der Natur. Er ist weitaus bewundernswerter als ein Auto oder ein Computer, denen viele Menschen mehr Achtung schenken und Pflege angedeihen lassen. Ohne diesen Körper könntest Du weder mit Deinem Auto fahren noch mit dem Computer spielen, Sport treiben oder spazierengehen, weder den Duft einer Blume riechen, einen köstlichen Wein schmecken, schöne Musik hören, einen Sonnenuntergang betrachten noch Deine Sexualität genießen.

Dein Körper arbeitet sehr effizient für siebzig, achtzig und mehr Jahre, egal ob Du schläfst oder wach bist. Er verdient es, daß Du ihm viel Aufmerksamkeit schenkst. Oder ist er Dir so selbstverständlich, daß Du Dir seiner erst bei Schmerzen, Krankheit oder Unfall bewußt wirst? Gehst Du mit ihm gedankenlos um, solange er nicht zusammenbricht?
Ziel dieser Betrachtungen ist nicht, Dich zu bestimmten Ernährungsweisen, Fitneßprogrammen, Yogaübungen, Pflegemethoden oder speziellen Atemtechniken zu animieren. Zu diesem Thema gibt es bereits ausreichend gute Fachliteratur. Es geht uns in diesem Kapitel vielmehr um die Bewußtwerdung Deiner Einstellung zu Deinem Körper. Lebst Du in liebevoller Harmonie mit ihm oder zielen Deine Verhaltensweisen auf seine Zerstörung oder Mißhandlung ab? Kannst Du problemlos sagen, daß Du Deinen Körper liebst, akzeptierst und ihn wie Deinen besten Freund behandelst – Du erinnerst Dich an Deine Liste?
Viele Menschen haben in ihrem Körper ein ideales Ziel ihres Selbsthasses, ihrer Selbstablehnung gefunden. Sie erlauben ihm zu wenig Bewegung, kaum frische Luft und Nährstoffe und unterbinden seine Verdauung. Sie vergiften ihn nicht nur mit minderwertigen Lebensmitteln und Drogen aller Art, sondern vor allem mit ihrer negativen Einstellung.
Ist es nicht interessant, daß die Menschen immer kränker werden, wo doch die Hauptursachen für Krankheiten in früheren Zeiten wie schwere körperliche Arbeit, Mangelernährung, schlechte medizinische Versorgung usw. zunehmend mehr wegfallen? Dies gilt zumindest für die Menschen der reichen Industrieländer. Es scheint fast, daß wir des Lebens recht überdrüssig sind, und so verursachen wir unbewußt die Krankheiten, die uns umbringen. Damit können wir die Verantwortung für seelisches Leiden geschickt an den Körper, die Krankheit, die Seuche delegieren und stehen einmal mehr als unschuldige Opfer da. Bei genauerem Hinsehen wird jedoch der heimliche Wunsch nach Selbstzerstörung bei vielen Krankheiten offenbar.

Dein Körper wird krank, wenn Du Deine Gefühle nicht wahrnimmst oder der Stimme Deines Herzens nicht folgst.

Krankheit entsteht vornehmlich im psychisch-seelischen Bereich und durch unsere geistige Einstellung – also im Verstand. In den folgenden Kapiteln werden wir uns ausführlich mit den mentalen und emotionalen Ursachen unseres Unwohlseins beschäftigen. Du wirst dort auch Hinweise finden, was Deine persönlichen Ursachen körperlichen Unwohlseins sind. Jegliche Disharmonie in Dir wird irgendwann ihre Folgen im Körper zeigen. Dein Körper wird krank, wenn Du Deine Gefühle nicht wahrnimmst oder der Stimme Deines Herzens nicht folgst. Selten sind plötzliche Infektionen die Ursache eines Leidens, sondern viel mehr Deine Einstellung zu Dir und zu Deinem Leben.

Die wirklichen Ursachen von Krankheiten interessieren die Gesundheitspolitiker nur wenig. Lebt nicht eine gewaltige Industrie davon, daß es uns nicht gutgeht? Werden Ärzte dafür bezahlt, daß ihre Patienten gesund bleiben oder möglichst oft krank werden? Meistens werden nur Symptome kuriert.

Die alten Chinesen waren da schon schlauer. Sie sahen den Menschen als eine Einheit von Körper, Geist und Seele. Dieses Denken ist dem abendländischen analytischen Weltbild fremd. Es zerlegt den Menschen in einzelne Teile, die als voneinander getrennt anzusehen und zu behandeln sind. Doch wenn ein Teil, zum Beispiel der Verstand, in Disharmonie ist, leiden auch die anderen Teile, der Körper und das Gemüt. Einige Beispiele: Bist Du geistig erschöpft von Deinen vielen Problemen, kannst Du leicht depressiv und gleichzeitig körperlich krank werden, da Dein Immunsystem durch Depression und Sorgen nicht voll leistungsfähig ist. Wenn Du wütend bist, so wird auch Dein Körper in Aufruhr geraten. Wenn Du Kopfschmerzen hast, so wird Dein Geist dumpf und verwirrt sein.

Apropos Geist beziehungsweise Verstand: Denken heißt Bewerten und Urteilen. Die Verhaltensweisen, die wir in Kapitel 2 beschrieben haben, sind ein Resultat Deines Denkens. Dabei entsteht oft Kampf in Dir. Beim Kampf wird ein Teil, zum Beispiel Dein körperlicher Ausdruck oder ein Gefühl, unterdrückt – Du bist nicht mehr in harmonischer Ausgeglichenheit. Du hebst die Einheit auf, das hochkomplizierte und feinnervige System gerät aus seiner Ordnung. Bewußtheit, das Beobachten Deines Körpers und das Lauschen auf seine Botschaften werden Dir helfen, Dich wieder in Deiner Gesamtheit zu erfahren!

Was Dir nicht bewußt sein mag: Deine Einstellung zum Körper wird nicht unerheblich von den Einflüssen religiöser Erziehung bestimmt. Ob Du jemals in die Kirche gegangen bist oder nicht, spielt dabei keine besondere Rolle. Die Gesellschaft ist so stark davon durchdrungen, daß Du ihr nicht entkommen konntest. Die sogenannte «Sexuelle Revolution» hat sich nur an der Oberfläche abgespielt. Unsere tiefsitzenden Glaubenssätze wurden dadurch nicht verändert.

Die meisten Weltreligionen sind körperverneinend. Sie haben aus dem Körper einen Platz der Sünde gemacht.

Als Kinder lernten wir nichts oder nur wenig über die Wertschätzung unseres Körpers. Wenn wir unseren Körper in kindlicher Unschuld untersuchten und anfassten, vor allem unterhalb der Gürtellinie, wurden wir meist getadelt oder gar bestraft. Die meisten Weltreligionen sind körperverneinend. Sie haben aus dem Körper einen Platz der Sünde gemacht. Der Körper wurde zu einem verachtenswerten, niederen Teil unseres Wesens abqualifiziert.

Die Antihaltung zum Körper findet ihren Ausdruck in vielen Varianten seiner Ablehnung und Bestrafung, die uns körperliche Freuden und Genüsse vermiesen lassen:

- *Bist Du fanatischer Vegetarier, dann darfst Du dem Verlangen nach einem Steak nie nachgeben.*
- *Bist Du strenger Antialkoholiker, dann wirst Du niemals an einem köstlichen Beaujolais nippen.*
- *Bist Du der Trennkost verfallen, wirst Du in jedem Restaurant mit schlechtem Gewissen essen müssen.*
- *Bist Du Bodybuilder, mußt Du ständig an Deinen Muskeln arbeiten.*
- *Wehrst Du Dich gegen den natürlichen Alterungsprozeß, so wirst Du Dich einer schmerzhaften Schönheitsoperation unterziehen, die Deine Falten verschwinden läßt.*
- *Bist Du auf dem spirituellen Pfad, strebst nach «Höherem», wirst Du vielleicht körperliche Genüsse ablehnen.*
- *Glaubst Du an die Transzendenz der Lust durch Kontemplation und Vermeidung, wirst Du natürlich Deine Sexualität nie richtig genießen können.*

Jede Unterdrückung körperlicher Regungen führt dazu, daß Du noch viel häufiger an das denkst, was Du unterdrückst.

Lehnst Du beispielsweise Deine Sexualität ab, so wird sie Dir auf Schritt und Tritt begegnen: Du registriert im Übermaß nackte Beine, tiefe Ausschnitte, verführerische Blicke, sinnliche Musik... Dein Verstand wird sich neue Unterdrükkungsstrategien ausdenken müssen. Eine unglaubliche Anstrengung und Energieverschwendung!
Wie gerne klammern wir uns doch an Konzepte, je exotischer, desto besser: Die hintertibetischen Atemübungen oder die Heilgesänge der Eskimos werden uns sicherlich aufbauen! Doch was dem Körper eines Menschen im Himalaya oder im Regenwald Südamerikas guttut, mag für Dich das Falsche sein. Ständig orientieren wir uns im Außen, statt auf uns selbst, unseren eigenen Körper zu hören. Viel hat sich daran nicht geändert, trotz New Age und positivem Denken.
Viele Menschen haben Kontaktschwierigkeiten. Ihnen fehlt oftmals ein gesunder Kontakt zu ihrem eigenen Körper. Wenn Du Deinen eigenen Körper nicht kennst und liebevoll behandelst, wie soll Dir das mit anderen «Körpern» gelingen? Wenn Du Deinen Körper quälst, wie kannst Du dann die Nähe und Intimität eines anderen Menschen zulassen?

Wenn Du Deinen eigenen Körper nicht kennst und liebevoll behandelst, wie soll Dir das mit anderen «Körpern» gelingen?

Du magst an dieser Stelle einwenden, daß Du Deinen Körper sehr wohl achtest und ihm Aufmerksamkeit schenkst. Als Frau magst Du Dir mit Eifer die teuerste Kosmetik kaufen, Dich in die edelsten Stoffe hüllen. Als Mann kannst Du in Fitneßstudios Deine Muskeln vergrößern oder Deinen Körper im Sport auf Höchstleistung trimmen – doch alles das hat nicht viel mit Selbstliebe zu tun. Übertriebener Körperkult ist lediglich Ausdruck Deines narzißtischen Ideals und geringen Selbstwertes.
Viel mehr Freude kannst Du Deinem Körper machen, wenn Du auf ihn hörst, mit ihm sprichst, wenn Du ihn liebevoll und aufmerksam behandelst und ihm möglichst oft Gutes tust. Dein Körper paßt nicht in eine Schablone. Er hat zum Beispiel seine eigenen Zeiten der Aktivität und Ruhe, die nicht immer mit denen anderer Menschen übereinstimmen. Er braucht sein individuelles Maß an Bewegung, Nahrung, Pflege usw. Dieses Maß mußt Du selbst herausfinden. Kein Buch wird Dir dabei helfen. Nur durch Aufmerksamkeit und Bewußtheit wird Dir das gelingen.

Wir wollen Dir im Verlauf dieses Kapitels Gelegenheit bieten, wieder in Kontakt mit Deinem Körper zu kommen. Er hat seine eigene Weisheit. Weit häufiger als Dein logischer Verstand weiß er, wie Du Harmonie und Schönheit in Dein Leben bringen kannst. Du mußt ihm nur zuhören.

Aufmerksamkeit für Deinen Körper: einen Selbstverwöhntag

Vielleicht beginnst Du damit: Gib Deinem Körper regelmäßig einen ganzen Tag mit Dir ganz allein. Einen Tag, an dem Du Deinen Körper verwöhnst, ihm Deine volle Aufmerksamkeit schenkst, wie Du es mit einem geliebten Menschen tun würdest.
Hier einige Anregungen: Schlafe aus und frühstücke im Bett, mit allen Leckereien, die Dein Körper haben möchte. Laß Dir alle Zeit, die Du brauchst. Vielleicht möchtest Du anschließend einen ausgedehnten Spaziergang machen. Gehe dabei gemächlich, achte auf die Bewegungen Deines Körpers, spüre wie Deine Füße den Boden berühren, achte auf Deinen Atem, fülle Deine Lungen mit frischer Luft.
Wie wäre es danach mit einem entspannenden Bad mit schönen Düften? Dazu Deine Lieblingsmusik und träumen im warmem Wasser? Anschließend könntest Du Deinen Körper mit einer guten Bodylotion massieren. Nun ruhe Dich wieder aus. Einfach still daliegend, lausche Deinem Körper. Welche Geräusche macht er? Schlägt Dein Herz schnell oder langsam? Atme dabei bewußt, vielleicht machst Du die später genannte Atemübung dabei.
Zum Abschluß des Tages bereite Dir ein köstliches «Dinner-For-One» zu. Koche so liebevoll und decke Deinen Tisch so festlich, wie wenn Dich Deine besten Freunde besuchen würden. Koche langsam und bewußt, ohne Eile. Laß beim Essen jeden Bissen langsam und genußvoll auf der Zunge zergehen. Bewußtes und freudiges Essen nährt Dich mehr als große Portionen.
Nach einem solchen Tag wirst Du erholt und ausgeglichen einschlafen. Dein Körper wird es Dir danken.

Atmen ist Leben. Nicht-Atmen ist Tod

Das Leben beginnt mit dem ersten Atemzug des Neugeborenen und endet mit dem letzten Atemzug des sterbenden Menschen. In der Zeit dazwischen spiegelt der Atem unsere Einstellung zum Leben und unsere seelische Verfassung wider. So stockt uns der Atem, wenn wir erschrecken, wir bewundern die atemberaubende Schönheit eines Sonnenuntergangs oder fühlen uns atemlos, wenn wir uns hetzen und stressen.
Der bekannte Atemlehrer Ludwig Schmitt hat einmal gesagt: «Der Atem ist der beste Freund des Menschen.» Er ist unser wichtigstes Kommunikationsmittel. Durch ihn treten wir mit unserer Umwelt in Beziehung. Wenn Du nicht tief und ruhig atmest, kannst Du nicht lebendig sein. Atmest Du flach oder hält Deinen Atem an, unterbindest Du den Ausdruck Deiner Gefühle, Du kannst nicht mehr klar denken, Deine Muskeln verspannen sich, Du kontrollierst Dich, empfindest Enge, und Enge erzeugt Angst in Dir. Doch was jahrzehntelang vernachlässigt wurde, braucht Zeit, um sich zu regulieren. Richtige Atmung läßt sich nicht in ein paar Stunden erlernen. Hier eine einfache, entspannende Atemübung:

Es atmet mich

Setze oder lege Dich in eine bequeme Position. Beobachte Deinen Atem. Nicht Du atmest, es atmet Dich.

Einatmen: Zulassen
Ausatmen: Loslassen
Atempause: Seinlassen

Du mußt nichts tun, weder besonders tief Luft holen, noch den Atem anhalten, noch tief ausatmen. Beobachte, wie Dein Atem aus- und einströmt, wie er Deine Lungen und Deinen Bauchraum füllt. Laß das Atmen geschehen, entspanne Dich und genieße.

Dein Körper im Spiegel

Stelle Dich nackt vor einen möglichst großen Spiegel, so daß Du Dich gänzlich darin sehen kannst. Betrachte nun Deinen

Körper von Kopf bis Fuß, von vorn, hinten, der Seite und stehe schließlich still.

Kannst Du Dich problemlos nackt anschauen, oder berührt Dich das merkwürdig?
Was ist Dein erster Eindruck und Gedanke? Blickst Du sofort auf Deinen zu dicken Bauch, Deine dünnen Beine, Deine hängenden Schultern, Deine bleiche Haut, Deine Glatze, Deinen kleinen Busen, Deine Krampfadern, Deine Pickel? Was ist falsch daran? Wer hat Dir erzählt, daß Du so nicht liebenswert bist?
Oder bewunderst Du Dich und blickst liebevoll auf Deinen Körper? Er ist einzigartig, kein anderer Mensch hat denselben Körper! Er ist vollkommen, so wie er ist. Vergleiche ihn nicht mit dem anderer Menschen, das macht Dich nur unglücklich.
Wie steht es mit Deinen «Makeln»? Sind sie unabänderlich, oder kannst Du etwas dafür tun, sie zu beheben? Kannst Du zum Beispiel Dein Übergewicht abbauen oder etwas für Deine trockene Haut tun?
Streichle einmal Deinen eigenen Körper, so wie Du den Körper eines geliebten Menschen liebkosen würdest.
Empfindest Du Dich als schön? Schönheit und Wohlgestalt sind keine Sünde! Wenn Dir ein schöner Körper gegeben wurde, dann solltest Du ihn wie ein wertvolles Geschenk betrachten.
In der Bibel heißt es: Gott schuf den Menschen nach seinem Ebenbild. Warum sollte das für Dich nicht gelten, nur weil Du beispielsweise dem gängigen Schlankheitsideal nicht hundertprozentig entsprichst? Die Schöpfung mit ihren vielen Milliarden Wesen ist so reich, und der Mensch ist das einzige Wesen, wo kein Individuum dem anderen gleicht. Ist das nicht wunderbar? Achte also Deinen Körper, habe Freude und Spaß mit ihm.
Schließe zum Abschluß Deine Augen und lege Deine Hände auf eine Stelle Deines Körpers, die Du nicht besonders magst. Schicke ihr Deine Liebe. Sei ihr Freund.

Gespräch mit Deinem Körper

Diese Übung soll Dir helfen, wieder Kontakt mit den Teilen Deines Körpers aufzunehmen, die Dir Schwierigkeiten bereiten. Lies diesen Teil langsam und bewußt und achte auf die Reaktionen Deines Körpers. Nachdem Du die Übung einmal gelesen hast, kannst Du sie immer dann durchführen, wenn Du spürst, daß Du nicht in Kontakt mit Deinem Körper bist. Lege Dich zu der Übung hin, mache es Dir bequem, sorge dafür, daß Du nicht gestört wirst.

Schließe die Augen. Entspanne Dich, ruhe Dich einfach einmal aus. Höre auf die Geräusche um Dich herum. Spüre wie Dein Körper liegt, die Unterlage, was Deine Hände berühren.

Richte Deine Aufmerksamkeit auf Deinen Atem, ohne ihn zu verändern. Atme ganz normal. Mit jedem Ausatmen entspannst Du Dich mehr und mehr. Dein Körper wird schwerer. Dein Atem wird Dich ganz von selbst zu den Teilen Deines Körpers leiten, die Dir etwas mitteilen wollen und Deine Aufmerksamkeit brauchen, zu den Teilen, die Dir in der Vergangenheit vielleicht Schwierigkeiten bereitet haben.

Laß Dir Zeit.

Beginne mit Deinem Körper zu sprechen. Du kannst das laut oder leise tun. Formuliere Sätze wie: *«Ich will mich dir nähern und dein Freund sein, mein Körper. Jetzt sind wir schon so lange zusammen, und du hast soviel für mich getan, ohne daß ich mir dessen bewußt bin. Ich möchte dir dafür danken.»*

Frage Deinen Körper: *«Kann ich etwas für dich tun? Wie kann ich mich in Zukunft besser verhalten?»*

Höre jetzt gut zu, was Dir Dein Körper mitteilt. Laß Dir Zeit... Richte Deine Aufmerksamkeit auf einen oder verschiedene Teile Deines Körpers, die sich melden werden. Wie geht es ihnen? Was wollen sie von Dir? Kannst Du etwas für sie tun – oder sein lassen?

In Deinem Unterbewußtsein gibt es eine Kraft, die sich um diese Stellen kümmert. Wir nennen sie den Wächter, mit dem Du jetzt Kontakt aufnehmen kannst.

Frage ihn: *«Was wolltest Du für mich tun, was ist Deine Absicht, daß Du mich (durch Schmerzen, Verspannungen oder ähnliches) auf diese Stelle aufmerksam*

machst? Willst Du mich beschützen oder etwas für mich erhalten? Wozu hast Du dieses Problem entstehen lassen?»
Dieser Wächter wendet allerlei Tricks an, wenn Du nicht Deiner inneren Stimme folgst. Er macht Dich vielleicht krank, damit Du Dich endlich einmal ausruhst und nach innen gehst. Er bereitet Dir zum Beispiel Magenschmerzen, damit Du Dir endlich die Pause zugestehst, die du brauchst. Er bereitet Dir Kopfschmerzen, wenn Du immer wieder einer Arbeit nachgehst, die Dich langweilt oder zu sehr erschöpft. All das macht der Wächter, mit dem Du jetzt redest.
Erlaube ihm nun, neue und angemessenere Wege zu finden, um Dir seine Absichten mitzuteilen. Er soll sich dazu mit Deiner Kreativität in Verbindung setzen, mit diesem Teil in Dir, der Dich in der Kindheit neue Spiele erfinden ließ, der spontan ist und das Abenteuer sucht. Wenn sich Dein Wächter mit Deiner Kreativität verbindet, wird er neue, direktere Wege finden, um sich Dir mitzuteilen. Dazu wirst Du möglicherweise zu Menschen, die Dir wichtig sind, oder an Orte, die Dir Glück und Erfolg bringen, geführt. All das kann Dir Dein Wächter durch den Körper sagen, wenn Du ihm aufmerksam zuhörst.
Vertraue ihm und er wird Dich führen! Sage Deinem Körper, daß Du ihm vertraust und Dich von ihm leiten lassen wirst. Gib Deinem Wächter die Verantwortung, daß er für einen von Dir bestimmten Zeitraum (etwa einen Monat oder ein halbes Jahr) darum kümmert, Dir neue Möglichkeiten für Dein Leben zu zeigen. Er soll Dich durch den Körper leiten und führen. Du versprichst ihm, die Weisheit des Körpers anzuerkennen und ihm zu folgen.
Nun laß die Heilkräfte Deines Körpers dorthin fließen, wo sie gebraucht werden. Dein Körper soll sich selbst heilen auf seine eigene, unnachahmliche Weise. Du versprichst ihm, ihn nicht zu drängen oder einzugreifen, sondern seiner Weisheit zu vertrauen, was Dich mit ihm auf einer tiefen Ebene freundschaftlich verbinden wird.
Zum Abschluß erinnere Dich Deines natürlichen Zustandes: Du bist eins. Körper, Geist und Seele schwin-

gen im selben Rhythmus. Stell sie Dir wie drei Liebende vor, die sich umarmen und zusammen tanzen. Harmonisch fließen sie ineinander und auseinander, ohne sich ganz voneinander zu entfernen.
Bleibe entspannt und aufmerksam noch eine Weile bei diesem Bild, bevor Du langsam wieder die Augen öffnest. Atme noch einige Male tief ein und aus. Du wirst Dich erfrischt, ruhig und zentriert fühlen. Das ist Dein natürlicher Zustand.

Wenn Du diese Phantasiereise nicht nur im akuten Krankheitsfall, sondern regelmäßig machst, wirst Du immer schneller und intensiver in einen tiefen Kontakt mit Deinem Körper kommen. Seine Wünsche und Abneigungen werden Dir bewußt, und Du kannst eine liebevolle Beziehung zu ihm herstellen. Dann wirst Du auch anderen Menschen und ihren Körpern mit einem neuen Verständnis begegnen: respektvoll, zärtlich und aufmerksam.

Kapitel 10

Du hast ein Recht auf Deine Gefühle

Was es ist

Es ist Unsinn
sagt die Vernunft.

Es ist, was es ist
sagt die Liebe.

Es ist Unglück
sagt die Berechnung.

Es ist nichts als Schmerz
sagt die Angst.

Es ist aussichtslos
sagt die Einsicht.

Es ist, was es ist
sagt die Liebe.

Es ist lächerlich
sagt der Stolz.

Es ist leichtsinnig
sagt die Vorsicht.

Es ist unmöglich
sagt die Erfahrung.

Es ist, was es ist
sagt die Liebe.

Erich Fried

Wir lieben und wir hassen sie: unsere Gefühle. Quält uns die Eifersucht, plagt uns die Angst oder kochen wir vor Wut, wollen wir dies möglichst schnell loswerden. Hoffentlich verschwindet es bald wieder, das schreckliche, «negative» Gefühl! Strömen wir über vor Liebe, sind wir bis über beide Ohren verliebt oder tanzen wir vor Freude, dann soll es möglichst lange so bleiben. Wir wollen es festhalten, das wundervolle, «positive» Gefühl!

Fühlen heißt Mensch sein. Ob es Liebe, Freude, Angst, Furcht, Ärger oder Eifersucht ist – alles das gehört zu Dir. Der Mensch ist das einzige Lebewesen, das zu einer so großen Vielfalt von Gefühlen fähig ist. Diese Gabe zu unterdrücken oder zu verdrängen, hieße Dein Menschsein abzulehnen.

Wie ein feines Netzwerk durchziehen die Gefühle, die zarten und rohen, Dein Wesen. Je mehr Gefühle Du zuläßt, desto differenzierter wirst Du fühlen können. (Es ist wie das Verfeinern des Riechsinns, das dem Parfümeur widerfährt. Er nimmt immer mehr und nuanciertere Düfte wahr.) Du bist erst im Einklang mit Dir, wenn Du alle Gefühle zuläßt und akzeptierst.

Wir wollen uns bei der folgenden Betrachtung der Gefühle bewußt nicht in weitschweifigen, klinischen Beschreibungen verlieren, sondern schnell zur Praxis des liebevollen Umgangs mit unseren Emotionen übergehen.

Verursacher von Gefühlen

Eine wichtige Rolle beim Fühlen, Empfinden, Trieberleben – wie immer Du das nennen willst – spielen Deine Hormone: Sexualsteroide machen Dich sinnlich, Endorphine machen Dich glücklich, Enkephaline machen Dich euphorisch, Noradrenalin macht Dich wütend, Adrenalin macht Dich ängstlich, Cortisolmangel macht Dich depressiv usw. Diese Hormone werden von Deinen endokrinen Drüsen hergestellt, die wichtigsten sitzen in Deinem Gehirn und sind eng mit Deinem Verstand, Deinem Denken verbunden.

Primär angeregt werden die geliebten oder gefürchteten Gefühlshormone durch einen äußeren Reiz, eine bewußte Wahrnehmung (Bild einer Frau, Duft, Farbe, Schwingung in einem Raum usw.) und durch Deine Erinnerungen (Du siehst einen Menschen, der Dich an eine unangenehme Situation erinnert und schon «denkst» Du Dir das Gefühl «Scham» oder «Wut» . . .).

Gefühle drängen verstärkt nach Ausdruck, wenn Du ihnen keinen Raum gibst. Der Körper will sich des emotionalen Drucks oder der Anspannung mittels einer Krankheit entledigen.

Gefühle entstehen also im Verstand. Was Dein Emotionsprozessor in Deinem Gehirn einmal gelernt hat, vergißt er nicht mehr. Bei harmlosen, ungefährlichen Gelegenheiten kann er Dich zum Beispiel in Panik versetzen, selbst wenn Du Dich nicht in Gefahr befindest, wie zum Beispiel beim Betreten eines dunklen Hauseingangs. Genauso kann er auch Lustgefühle auslösen, ohne daß ein Lustobjekt in Deiner Nähe ist.

Schließlich kann das Befinden Deiner Körperorgane Deine Gefühle noch verstärken. Das hast Du vielleicht schon bei Kopfschmerzen erlebt, die Deine Depressionen nur noch schlimmer machen . . . Gefühle drängen verstärkt nach Ausdruck, wenn Du ihnen keinen Raum gibst. Der Körper will sich des emotionalen Druckes oder der Anspannung mittels einer Krankheit entledigen.

Allzu leicht tendieren wir dazu, äußere Umstände für unseren emotionalen Zustand verantwortlich zu machen. Es ist das Wetter, der Verkehr, der Arbeitskollege, der Ehemann, die Kinder, das Fernsehprogramm, die uns wütend, deprimiert, traurig . . . machen. Was wirklich passiert ist, daß das Außen unsere Gefühle zum Vorschein kommen läßt. So wie jemand auf einen Knopf eines Musikautomaten drückt, der dann immer und immer wieder dasselbe Musikstück spielt, so können auch Deine «Knöpfe» gedrückt werden. Was nicht in Dir ist, kann niemand anderes in Dir auslösen. Sehr wahrscheinlich kennst Du eine lange Liste von Situationen, Verhaltensweisen oder Merkmalen von Menschen, die Dich sehr leicht in einen bestimmten emotionalen Zustand versetzen können.

Wie Du auf Deinen schnarchenden Partner, den aggressiven Geschäftsfreund, Deinen lethargischen Arbeitskollegen, den lachenden Taxifahrer, den lauten Hund, den Gartenzwerg, die verlauste Zimmerpflanze reagierst – alles das hängt von Dir ab. Den einen stört es, der andere kann darüber lachen. Was immer Du an Dir nicht ausstehen kannst oder vermißt, wird Dir bei anderen Menschen unangenehm auffallen.

Gebrauchsanweisungen für Gefühle

Dein Verstand produziert nicht nur Gefühle, er gibt auch die Anweisungen, wie Du mit ihnen umzugehen hast. Die Gebrauchsanweisungen hast Du Dir selbst durch Deine Erfahrungen in der Kindheit und durch aufmerksames Kopieren Deiner Vorbilder geschrieben. Einige Deiner Vorstellungen, Überzeugungen oder Tabus könnten so lauten:

- *Konflikte müssen sachlich gelöst werden.*
- *Schwäche darf man niemals zeigen.*
- *Weinen findet nur im geheimen statt.*
- *Aggressionen sind schlecht.*
- *Wut wird unterdrückt.*
- *Trauer ist etwas für alte Leute.*
- *Sexualität findet im Dunkeln statt.*
- *Zur Freude muß es einen Grund geben.*
- *Übermut tut selten gut.*
- *Bei Resignation versteckt man sich.*
- *Bei seelischem Schmerz sucht man Zerstreuung.*
- *Bei Betroffenheit schweigt man.*
- *Über den Tod redet man nicht usw.*

Die Regeln, Ideale und Wertesysteme differieren je nach dem Land, der Religion, der Kultur, in der Du aufgewachsen bist. Gehst Du nach Italien, wirst Du lautstarkstreitende Menschen sehen, die nicht negativ beurteilt werden. Für den traditionellen Japaner wäre es dagegen völlig undenkbar, mit Nachbarn öffentlich zu streiten. Eine Moslemin hätte wirklich Probleme mit unserer Art, Sexualität zur Schau zu stellen. Klageweiber in unseren Straßen könnten uns ganz schön verwirren. Ein höflicher Engländer würde niemals seine Gefühle in der Öffentlichkeit zeigen. Ein Asiat wird sich herzlich, respektvoll mit einem Namaste zur Begrüßung verneigen, während ein Amerikaner Dir bei gleicher Gelegenheit kräftig auf die Schultern klopft und Dich ohne Umschweife nach Deinem Liebesleben befragt.
Wenn wir uns der verschiedenen Wertesysteme nicht bewußt sind, gibt das natürlich Probleme, zumal wir heute kaum mehr als einzelne Volksstämme in abgeschlossenen Gegenden leben, sondern durch die modernen Kommunikations- und Transportmittel immer mehr zusammenwachsen. Was für den einen Grund zum lauten Poltern ist, kann der

andere durch demutsvolle Gesten ausdrücken. In unserer immer kleiner werdenden Welt entsteht nicht zuletzt dadurch ein hohes Angst- und Aggressionspotential, da verschiedene Kulturen vehement und unvorbereitet aufeinandertreffen. Wir fahren im Urlaub zu den entferntesten Winkeln unserer Erde, wo wir die Menschen dort mit unserem Verhalten befremden können. Ausländer überfluten die reichen Industrienationen, die angstvoll ihre Pfründe und Machtstellung schwinden sehen. Verständnisbereitschaft und Toleranz ist von jedem von uns gefordert. So unterschiedlich wir Menschen sind, so verschiedenartig können auch die Gebrauchsanweisungen für unsere Gefühle zu sein.

Bewertungen der Gefühle

Zur Gebrauchsanweisung für den Umgang mit Emotionen nimmt Dein Verstand ihre sofortige Bewertung vor. Diese bedingt maßgeblich Deine Reaktion. Willkommene Zustände sind zum Beispiel die sexuelle Erregung beim Anblick eines wohlgeformten, nackten Körpers, die Freude bevor der Geliebte kommt, die zufriedene Ruhe beim Betrachten einer schönen Landschaft, die Rührung beim Zuschauen des unschuldigen Spielens eines Kindes, das Triumphgefühl beim Erfolg, die Begeisterung beim Zuschauen eines sportlichen Wettkampfes.
Unwillkommene Zustände können zum Beispiel das Gefühl von Heimweh in der Fremde, der Groll beim Warten im Stau, die Scham beim Bekanntwerden Deines Versagens, die Abscheu beim Anblick eines zerfetzten Tieres auf der Straße sein. Jedesmal ist etwas im Außen passiert, was in Dir ein Empfinden auslöste.
Wenn Du ein Gefühl als negativ beurteilst, Dir wünschst, daß es sich bald wieder verflüchtigt, wirst Du es verdrängen beziehungsweise unterdrücken. Doch damit wirst Du nicht lernen, mit ihm umzugehen. Du lehnst beispielsweise Deine Wut ab und bist nie mit ihr Kontakt gekommen. Du hast bereits vergessen, wie sich Wut anfühlt und was Du mit ihr machen sollst. Natürlich wirst Du verzweifelt nach einer Lösung suchen, dieses «negative» Gefühl zu umgehen.
Doch Gefühle lassen sich nicht einfach wegschieben. Lernst Du den konstruktiven Umgang mit ihnen, wirst Du sie ohne

Schuldgefühle und Angst äußern. Das hat einige Vorteile: Du stehst zu Dir, Du hast Deine emotionale Energie fließen lassen, Du bist ehrlich und authentisch. Damit erweist Du Dir einen großen Liebesdienst, und Dein Selbstwert wird zunehmen. Auch Deine Mitmenschen werden das spüren. Das klingt doch besser als bei unpassender Gelegenheit «vor Wut zu platzen» oder Dich bei jeder kleinen Bedrohung Deines geregelten Lebens angsterfüllt zu verkriechen!?

Gefühle lassen sich nicht einfach wegschieben.

Das Leben, die Natur bestehen aus Gegensätzen: Tag und Nacht, Regen und Sonne, Himmel und Erde, Ruhen und Tun, Geburt und Tod. Ohne die Nacht wirst Du nicht die Helligkeit des Tages als Kontrast genießen können. Das gleiche gilt für unsere Gefühle: Ihre wirkliche Tiefe kannst Du nur erleben, wenn Du sowohl Haß als auch Liebe, sowohl Trauer als auch Freude, sowohl Schmerz als auch Lust zulassen kannst. Eine Seite vermeiden oder unterdrücken macht Dich einseitig, lähmt Dich. Du lebst lauwarm. Dein Leben wird langweilig. Du erstickst an Deiner Mittelmäßigkeit. Deine Gefühle frühzeitig zu erkennen und sie dann auch noch anzunehmen, ist nicht immer einfach. Eingefahrene Verhaltensmuster können nicht von heute auf morgen verändert werden. Laß uns noch ein wenig tiefer schauen.

Vielleicht kennst auch Du die scheinbare Widersprüchlichkeit, daß Du Dich oft genau in den Situationen wiederfindest, die in Dir ein «negatives» Gefühl verursachen. Wie kommt es, daß Du zum Beispiel immer wieder von einem geliebten Menschen verlassen wirst, die Wut Deiner Mitmenschen auf Dich ziehst, daß Dir Schmerzen zugefügt werden? Clever ist unser Verstand, der uns erleben läßt, was schmerzhaft ist, um seine Erfahrungen und Glaubenssätze zu bestätigen. Gehst Du davon aus, daß Dich Menschen enttäuschen, wirst Du Dich unbewußt solchen Personen nähern oder Dich in Situationen begeben, die Deine Meinung bestätigen. So ziehen manche Menschen förmlich das Negative, das Unglück, den Mißerfolg usw. an.

Glaubenssätzen wie: *«Alle Männer sind Lügner und werden mich betrügen.» «Ich werde mit Frauen immer Pech haben.» «Es gibt keine Freunde.» «Das Leben ist hart.» «Keiner liebt mich.» «Ich werde immer wieder enttäuscht vom Leben...»* werden so lange im Außen ihre Bestätigung finden, bis Du Dir ihrer bewußt wirst und sie verändern kannst.

Wir alle wollen uns lebendig fühlen und glücklich sein. Doch nur allzuoft haben wir durch negative Beurteilung die falsche Gebrauchsanleitung für unsere Gefühle gelernt. Der Schlüssel zur Zufriedenheit liegt im Annehmen unserer und der Gefühle anderer. Ein Umdenken verunsichert uns, führt es doch in emotionales Neuland. Doch es könnte auch ein Abschied von unseren Leiden sein. Du hast ein Recht auf Deine Gefühle!

Strategien zur Vermeidung von Gefühlen

Die einzige, natürliche Art mit Gefühlen umzugehen ist, sie zu spüren und auszudrücken. Doch viele Menschen befinden sich ein einem desolaten Zustand. Entweder sie sind verunsichert, wie sie mit ihren Gefühlen umgehen sollen (Wo soll ich nur hin mit meiner Wut? Wie kann ich ihr meine Liebe zeigen?) oder sie sind völlig von ihren Gefühlen abgeschnitten (Ich fühle mich so leer. Ich weiß nicht, was mit mir los ist...). So wie sie als Kinder den Umgang mit ihren Gefühlen von den Erwachsenen gelernt haben, geben sie ihn auch an ihre Kinder weiter.
Um unerwünschten Gefühlen aus dem Weg zu gehen, magst Du verschiedene Strategien entwickelt haben:

Verschieben

Statt dem überheblichen Verkäufer zu sagen, daß Du Dich ärgerst, gibst Du später Deinem Hund einen Tritt. Statt Deinem Geschäftspartner zu zeigen, daß Dich sein Verhalten in Rage gebracht hat, rast Du später über die Autobahn.
Immerhin hast Du Dir noch eine Gelegenheit gegeben, Dein Gefühl auszudrücken, wenn auch verzögert und verfälscht. Weder Hund noch Auto waren die wirklichen Verursacher Deiner Wut, und Treten oder Rasen sind reichlich unangebrachte Verhaltensweisen. Ehrlicher wäre gewesen, Deinen Ärger oder die dahinter versteckte Verletzung sofort auszudrücken.

Unterdrücken

Um Deine Gefühle zu unterdrücken, kannst Du Dich verschiedenster Mechanismen bedienen:

- Du verdrängst Deine Gefühle völlig. *(«Nein, ich habe keine Angst.» «Warum soll mich das traurig machen?»)*
- Du kompensierst das unerwünschte Gefühl durch Arbeit und unentwegtes In-Bewegung-Halten.
- Du zerredest Deine Empfindungen in endlosen Telefongesprächen mit guten Freunden, anstatt sie zu spüren.
- Du distanzierst Dich von dem Gefühl durch rationalisierendes Betrachten. *(«Vernünftig gesehen habe ich eigentlich keinen Grund, wütend zu sein, denn...» «Wo soll das denn hinführen, wenn ich jedesmal eifersüchtig würde, wenn...» «Schließlich sind wir doch keine Kinder mehr...»)*
- Du bekämpfst die Verursacher Deines Gefühls und weist ihnen die Schuld zu. *(«Dir werde ich es jetzt zeigen!» «Du hast mich soweit gebracht!»)*

Nur allzu schnell tendieren wir dazu, andere Menschen dafür verantwortlich zu machen, was sie in uns auslösen. Doch sie sind lediglich dazu da, um Dich daran zu erinnern, daß Du dieses Gefühl in Dir hast. Sie bringen es nur zum Vorschein. Du bist es, der so fühlt. Du bist die Ursache. Auch Liebe, Mitgefühl und Freude haben ihre Quelle in Dir! Es ist ein schwieriger Schritt, Situationen und Menschen dafür dankbar zu sein, daß sie Dir helfen, Dich kennenzulernen und zu vervollständigen. Wenn Du Verantwortung für Deine Gefühle übernimmst, wirst Du eine große Freiheit spüren. Schließlich hast Du jetzt den Schlüssel zur Veränderung in der Hand und bist nicht mehr von anderen Menschen abhängig.

Nur allzuschnell tendieren wir dazu, andere Menschen dafür verantwortlich zu machen, was sie in uns auslösen.

Folgen der Unterdrückung

Die Unterdrückung von Gefühlen mag zwar vorübergehend angenehmer für Dich sein, doch damit sind sie nicht aus der Welt. Mögliche Folgen sind:

Angst

Zunächst bekommst Du Angst vor Deinem Gefühl. Du glaubst, Du würdest die Selbstkontrolle verlieren, wenn Du ihm nachgibst. Der Hingabe an das Gefühl steht die Angst vor dem Unbekannten, dem möglichen Chaos entgegen. Du könntest hinweggeschwemmt, überwältigt, übermannt werden von Deiner Trauer, Angst, Wut, Liebe oder Freude (ja, auch das macht Angst!). Das läßt Dich alle Gelegenheiten tunlichst meiden, die diese Gefühle in Dir auslösen könnten. Doch sie schleichen sich durch die Hintertür immer wieder ein. Kennen wir doch alle, oder? Das Leben konfrontiert uns mit unverarbeiteten Problemen und verdrängten Gefühlen solange, bis wir sie erlösen. Besser gleich laut schreien als immer wieder alles runterschlucken, wenn Dir jemand auf die Füße tritt.

Vergrößerung

Deine konsequente Vermeidung führt dazu, daß Du aus einer Mücke einen Elefanten machst. Deine Angst vor dem Gefühl wird immer größer. Schließlich löst schon ein Schatten im dunklen Hausflur Panik in Dir aus. So schlottern Dir die Knie bei der Vorstellung, vor mehreren Menschen zu sprechen, oder Dir wird übel vor einem klärenden Gespräch mit Deinem Vorgesetzten.

Unklarheit

Wenn Du Deine Aufmerksamkeit – bewußt oder unbewußt – ständig auf das Vermeiden von Gefühlen richtest, wird Dein Denken und Wahrnehmen unklar und vernebelt. Dieses Kämpfen gegen Dein Gefühl nimmt viel Energie und Zeit in Anspruch. Überall lauert die Gefahr, die gefürchtete Situation könnte wieder entstehen.

Verwirrung und Betäubung

Wir Menschen in den hochtechnisierten Ländern werden von Außenreizen geradezu überflutet: Fernseher, Radio, Video, Theater, Konzert, Kino, Spielautomaten, Tapes und CDs für Heim und Auto, Lichtreklamen, Werbetafeln, Musikberieselung in Läden, Büros, Drogen aller Art, Pornographie... Diese Stimulatoren können eine Unzahl von Gefühlen in Dir auslösen, doch Du magst kaum mehr Zeit finden, diese Gefühle zu verarbeiten. Du wirst zunehmend mehr emotional verwirrt. Andererseits magst Du Außenreize gezielt nutzen, um Deinen Gefühlen aus dem Weg zu gehen.

Pervertierung
Schließlich pervertiert das Erleben von Gefühlen derart, daß Du möglicherweise nur noch im Kino heimlich ins Taschentuch schluchzst, weil der Film so traurig ist, nur noch Lust empfindest, wenn Du im Pornomagazin blätterst, Dich nur noch freust, wenn Du mittels Drogen richtig high bist.

Störungen von Körper und Psyche
Was Du Dir auf psychischer und physischer Ebene durch Dein Verdrängen antust, wollen wir nur kurz auflisten:
Streß, Neurosen, psychosomatische Störungen, Organerkrankungen, Krebs, Immunschwäche, Phobien, Hypochondrie, Depression, Psychosen. Ein verdrängtes Gefühl gleicht einer Wunde, die kein Licht und keine Luft bekommt – sie wird zum Geschwür.

Gefühle sind Energie

Wenn Du Gefühle als eine Energie, wie etwa Elektrizität, betrachtest, dann sind alle Gefühle gleichwertig. Es gibt ja auch keine gute oder schlechte Elektrizität. Haßt Du einen Menschen, dann richtest Du genauso viel Energie auf ihn, wie wenn Du ihn liebst. Haß ist lediglich das Gegenteil von Liebe. Nur die Auswirkungen sind verschieden: Mit Haß distanzierst Du Dich von Deinen Mitmenschen (Dir selbst) oder verdammst Du die Situationen, die das Gefühl in Dir ausgelöst haben mag. Mit Liebe näherst Du Dich dem anderen (Dir selbst), öffnest Dich und erzeugst das Gefühl der Verbundenheit.

Selbst wenn emotionale Energie zurückgehalten wird, ist sie für einen feinfühligen Mitmenschen stets spürbar. Sie äußert sich unserem Gang, in Körperhaltung, Tonlage, Tonstärke, Blicken, Körpergeruch und anderem mehr. Es ist sinnlos, verstecken zu wollen, was wir wirklich fühlen.

Auch wenn unsere Mitmenschen nicht zu erkennen geben, daß sie unsere Energien wahrnehmen – sie spüren sie und reagieren entsprechend.

Auch wenn unsere Mitmenschen nicht zu erkennen geben, daß sie unsere Energien wahrnehmen – sie spüren sie und reagieren entsprechend. Je sensibler Du bist, desto mehr wirst Du die Energien Deiner Mitmenschen wahrnehmen.

In ihrem ständigen Streben nach Ausgleich versucht die Natur, das zu unterstützen und zu fördern, was unterdrückt wird. Jeder Mensch, egal ob Mann oder Frau, hat männliche und weibliche Energien in sich. Diese drängen nach Ausdruck und wollen im Idealfall ausgeglichen sein. Geschieht das nicht, so fühlen wir uns disharmonisch. Das Annehmen unserer weiblichen und männlichen Energien ist ein wichtiger Aspekt unseres Wohlbefindens.

Wir wollen uns jetzt unseren wichtigsten Gefühlen zuwenden und sehen, wie wir mit ihnen umgehen können.

Angst

Wer von uns kennt sie nicht, die Angst? Sie scheint unser Leben zu begleiten wie kein anderes Gefühl. Schon als Kind hatte die Angst viele Gesichter:

Ulrike glaubte, unter ihrem Bett sei ein großes Loch, das direkt in die Hölle führt. Wenn sie abends das Licht ausschaltete, sprang sie immer mit einem Riesensatz ins Bett. Sie hatte Angst, der Teufel würde sie ansonsten am Bein packen und in dieses Loch ziehen.
Erich verkroch sich bei jedem Knacken der Balken seines Dachzimmers auf dem Speicher tief ins Bett. Er fürchtete, böse Dunkelmänner würden ihn holen. Jegliches Geräusch oder Schattenfiguren in seinem Zimmer beflügelte seine Angst vor Verbrechern oder Mördern im Haus.

Vielleicht waren diese kindlichen Ängste Ausdruck der instinktiven Angst, die uns allen innewohnt und die unser Überleben in der Steinzeit sicherte. Waren wir doch damals noch von vielen räuberischen Tieren, feindlichen Stämmen und Naturgewalten bedroht.
Doch es gibt auch Ängste, die wir im Laufe unseres Lebens gelernt haben und denen weitaus größere Bedeutung zukommt: Die Angst vor schlechten Noten, die Angst vor den unverständlichen Wutausbrüchen der Erwachsenen, die Angst vor dem strafenden Blick der Mutter, wenn wir zu spät vom Spielen zurückkehrten...
Als Kind mögen wir der festen Überzeugung gewesen sein, Erwachsene würden keine Angst haben. Zumindest war davon wenig zu spüren. Wenn wir unsere Angst äußerten, wurden wir nicht ernstgenommen, und wir fühlten uns belächelt. Die Erwachsenen sprachen selten offen über ihre eigenen Ängste. Doch Angst oder Furcht schwebte häufig im Raum, oder war es unsere kindliche Einbildung?!
Wir sind mit der Angst aufgewachsen, auch wenn wir unsere Eltern oder Lehrer nie sagen hörten: *«Ich habe Angst.»* Wer von uns hat gelernt, dem Fluß des Lebens zu vertrauen und den Augenblick zu genießen? Schien nicht viel eher alles darauf ausgerichtet, uns die schrecklichen Gefahren des Lebens zu vergegenwärtigen und uns gegen sie zu wappnen? *(«Sei fleißig und lerne, sonst sitzt Du später auf der Straße!» «Laß Dich mit keinem Mann ein, Männer wollen immer nur das eine!» «Spare in der Zeit, dann hast Du in der Not.»)*
Auch die Religion war uns keine große Hilfe im Umgang mit der Angst. Im Gegenteil, wir hörten Dinge wie: *«Paß auf –*

Gott sieht alles, was Du tust, und hört, was Du denkst.» «Sei gottesfürchtig, sonst bestraft er Dich mit ewiger Verdammnis!» «Am Jüngsten Tag wird über Dich gerichtet, und Gnade Dir, wenn Du . . .» Gott begegnete den meisten von uns eher in der Gestalt eines strengen, kontrollierenden und strafenden Vaters statt in in der Person eines liebenden, verzeihenden und beschützenden Freundes. So stehen wir heute noch allein mit unserer Angst da und wissen nicht, wie wir mit ihr umgehen können.

Wie entsteht Angst? Alles, was uns fremd ist, was unser Verstand nicht in irgendeine Schublade einordnen kann, macht uns Angst. Das Metier des Verstandes ist das Gewohnte, das Vertraute. Dort fühlt er sich sicher und wohl. Alles, was er nicht kennt oder unangenehm erlebt, versucht er abzuwehren. Diese Abwehr ist unsere Angst. Sie bezieht sich auf vergangene Erfahrungen und überträgt diese auf Befürchtungen in der Zukunft: Hoffentlich passiert mir dieses und jenes nicht wieder! Der Verstand will Sicherheit, Gewißheit. Ist unsere Zukunft ungewiß, und das ist sie nun mal, produziert er Angst. Wir fürchten uns vor Ablehnung, Versagen, Mißerfolg, Einsamkeit, Krankheit, Katastrophen, Tod – die Liste ließe sich unendlich lang fortsetzen. Unsere Ängste haben viele Gesichter, vom kleinen Zweifel und leichtem Bedenken bis hin zu Panikattacken und Phobien.

Alles, was uns fremd ist, was unser Verstand nicht in irgendeine Schublade einordnen kann, macht uns Angst.

Zukünftige Geschehnisse entziehen sich weitgehend unserer Kontrolle und machen uns somit Angst, auch wenn wir so tun, als ob das nicht so wäre. Warum suchen denn so viele Menschen Rat bei Kartenlegern, Handlesern, Astrologen und Medien? Sie hätten allzu gerne wenigstens eine Andeutung dessen, was passieren wird.

Um Angst nicht zu spüren, hast Du Dir vielleicht eine der folgenden Strategien ausgesucht:

Du leugnest Deine Angst

Du und Angst? Nein, Angst kennst Du nicht. Wozu auch? Du stellst Dich den Herausforderungen des Lebens wie ein Kamikazekämpfer. Du machst die waghalsigsten Dinge wie Drachenfliegen, Tiefseetauchen, Autorennen oder Sprünge in unbekannte Gewässer – nur damit keiner merkt, wo Deine Angst wirklich sitzt. Auch Deine Körperhaltung zeigt, daß Dir niemand etwas anhaben kann: Deine Schultern sind nach hinten gebogen, die Brust rausgestreckt und geschwellt, die Muskeln zum Bersten gespannt, Dein Kinn energisch nach vorn geschoben. Natürlich sind für Dich Menschen, die Angst haben, Jammerlappen und Weichlinge. Nein, Angst kennst Du nicht!

Du kompensierst Deine Angst

Na ja, Angst ist ja schön und gut, aber wozu ihr unnötig Energie geben? Es gibt doch wichtigere Dinge im Leben! Immer in Bewegung bleiben, mag Deine Devise sein. Du stürzt Dich in Deine Arbeit, ertränkst Deine Angst in Aktivitäten, vom perfekten Hausputz, der Mitarbeit in vielen Vereinen, unzähligen Treffen mit Freunden bis hin zu sportlichen Höchstleistungen in Deiner Freizeit. Und dann hast Du noch Fernseher, Radio, VCR, Kino, Theater, Disco usw. Wenn Du irgendwann spät nachts, erschöpft von Deinen Aktivitäten, ins Bett fällst, beugst Du Deiner Angst mit einem großzügigem Maß an Alkohol oder heftigem Sex vor. Da hat die Angst nur noch eine Chance: Dich im Traum zu erwischen. Doch dafür hast Du schon Schlaftabletten bereitliegen.

Du rationalisierst Deine Angst weg

Du rufst die aufregende Neueroberung aus der Disco lieber nicht an. Du willst ihr schließlich nicht auf die Nerven gehen, den Eindruck erwecken, etwa hinter ihr herzulaufen. Wahrscheinlich ist sie sowieso nicht zu Hause oder hat einen besser aussehenden Liebhaber.
Und Deinem Chef sagst Du erst gar nicht Deine Meinung, da er Dich sowieso nicht versteht.
Es ist auch unvernünftig, in Deinem Alter noch die weite Reise allein zu unternehmen. Um diese Zeit findest Du keine Unterkunft, das weiß doch jeder!
Ja, es gibt tausend Gründe für Dich, etwas nicht zu tun.

Du wirst aggressiv

Leidenschaftlich und zutiefst überzeugt wetterst Du gegen Ausländer, Arbeitslose, Sektenmitglieder und Pornographie. Am liebsten wäre Dir, das alles gäbe es nicht. Deine Arbeitskollegen und Freunde denken genauso – das bestätigt Dich. Dabei verstehst Du Andersdenkende einfach nicht. Du weißt nicht, wie Du mit ihnen umgehen sollst und was sie wollen. Niemals wirst Du Deine Angst vor ihnen zugeben...

Du gehst der Angst aus dem Weg

So einfach ist das! Die angebotene Stelle nimmst Du nicht an, weil Du nicht weißt, ob Du den Anforderungen auf Dauer genügen könntest. Du gehst der Auseinandersetzung mit Deiner Frau aus dem Weg, sonst fiele ihr Deine Ratlosigkeit auf. Du schaust Frauen nicht an, dann spüren sie Deine Unsicherheit nicht. Du hörst nicht hin, wenn jemand von einem riskanten Geschäft redet: Was ich nicht weiß, kann mich nicht ängstigen! Du vermeidest die Konfrontation, dann kommt erst gar keine Angst vor dem Verlieren auf. In Deinem selbstgeschaffenen Gefängnis fühlst Du Dich sicher.

Du machst Dich klein

Du bist eine kleine, graue Maus, die niemandem auffällt. Deine beste Eigenschaft ist die perfekte Tarnung, Deine größte Zier die Unauffälligkeit. Bei drohender Angst steckst Du Deinen Kopf wie der Vogel Strauß in den Sand, dann kann Dir nichts geschehen. Leute wie Du sind willkommene Sklaven und Opfer ihrer Mitmenschen, das ist der Preis. Deine Schultern sind angstvoll nach vorne gebeugt, Dein Brustkorb eng und Deine Stimme dünn. So erkaufst Du Dir das Mitleid und die Rücksichtnahme anderer.

Je mehr Du Dich mit dem Verstekken Deiner Angst beschäftigst statt Dich ihr zu stellen und sie zu akzeptieren, desto mehr Energie nimmt sie Dir.

Angst ist wie alle Gefühle ein Energiephänomen. Energie läßt sich nicht einfach wegdrücken. Sie sucht sich einen anderen Kanal, im Extremfall Krebs oder Magengeschwüre, um sich Gehör (Gefühl) zu verschaffen. Je mehr Du Dich mit dem Verstecken Deiner Angst beschäftigst, statt Dich ihr zu stellen und sie zu akzeptieren, desto mehr Energie nimmt sie Dir. Sie kann monströse Ausmaße annehmen, so groß, daß sie Dich fast erdrückt.

Bist Du Deiner Angst schon einmal wirklich begegnet, ohne sofort auf ihre Abhilfe zu sinnen? Hast Du erfahren und beobachtet, was sich in Deinem Körper abspielt, wenn Du Angst hast? Je nach Grad Deiner Angst wirst Du Deine Muskeln verspannen, den Atem anhalten, ins Stottern kommen, schwitzen oder frieren. Dein Körper be-

ginnt zu zittern, Dein Herz rast, Dir wird übel, und vielleicht wirst Du sogar ohnmächtig. Adrenalin wird massenweise produziert, um Dich für Angriff oder Flucht vorzubereiten. In diesem Moment HAST Du nicht Angst, Du BIST die Angst. Dein Körper, ja Dein ganzes Wesen ist Angst.
Daran ist nichts falsch. Beobachte sie, sie ist kein Dauerzustand. Sie kommt und sie geht auch wieder. Wenn Du Dich ihr nicht stellst, wird sie Dir im Außen immer wieder begegnen. Denn Angst heißt auch Lust auf! Hast Du Angst hinzufallen, ist die Wahrscheinlichkeit, daß Du tatsächlich ausrutschst wesentlich größer, wie wenn Du keine Angst davor hättest.
Was für Dich schmerzhaft ist, ist nicht die Angst selbst, sondern ihre negative Beurteilung und Ablehnung. Du willst keine Angst haben, nicht klein, schwach oder unsicher sein. Du hast Dir ein Ideal gebastelt, das da heißt: Sei tapfer, mutig und stark! Dieses Ideal schafft eine Spaltung in Dir und läßt Dich Deine Angst verleugnen. Auf diese Weise wirst Du Deine Angst niemals los. Solange sie ihr Schattenregiment führt, wirst Du Dich stumpf, krank, unlebendig, kraftlos, bedürftig fühlen. Es erfordert enorm viel Energie, sie ein ganzes Leben zu verstecken oder zu kompensieren.

Was für Dich schmerzhaft ist, ist nicht die Angst selbst, sondern ihre negative Beurteilung und Ablehnung.

Angst ist die Abwesenheit von Liebe und Vertrauen. Der Vergleich mit Licht und Dunkelheit bietet sich an: Du kannst die Dunkelheit nicht einfach abschaffen. Sie geht auch nicht weg, wenn Du Dich versteckst. Aber Du kannst ein Licht anzünden, dann verschwindet die Dunkelheit ganz von selbst. Genauso verhält es sich mit der Liebe und der Angst: Laß die Angst Angst sein, kämpfe nicht gegen sie. Was ist falsch an ihr? Zünde das Licht der Bewußtheit und (Selbst-) Liebe an, und die Angst wird ganz allmählich ihren Zugriff auf Dich verlieren.
Also: Gestehe Dir Deine Angst ein, nimm sie an. Dieses Eigengeständnis zeigt schon, daß Du mutig bist, denn nur ein mutiger Mensch kann zugeben, Angst zu haben! Fange mit ganz kleinen Dingen an, die Dir Angst machen. Habe Angst, aber lasse Dich nicht von ihr aufhalten, auch wenn Dir die Knie schlottern oder Du zu sterben glaubst. Sterben mußt Du sowieso, daran führt kein Weg vorbei. Deshalb stelle Dich nicht tot, solange Du lebst!

Wut...

...tut zumindest zunächst einmal gut. Du fühlst Dich stark, energiegeladen, lebendig. Nach Deinem Wutanfall entspannst Du Dich, vorausgesetzt Du hast keine Schuldgefühle.
Wut ist schließlich kein gesellschaftlich erwünschtes Verhalten. Vor allem Frauen wird die Äußerung von Zorn nicht zugestanden. Wenn sie ihre Aggressionen offen zeigen, werden sie als «hysterisch», als «Giftspritze», «Beißzange» oder «Drachen» bezeichnet.
Als Kind wurde Dir nicht erlaubt, mit dem Fuß aufzustampfen, Gegenstände zu zertrümmern oder Dich in blinder Ohnmacht auf dem Boden zu wälzen. Auch Deine Lehrer sahen es nicht gerne, wenn Du Deiner Wut über ungerechte Zensuren oder unsinnige Hausaufgaben Ausdruck gegeben hast. Und am Ende waren die Erwachsenen immer die Stärkeren, die Sieger. Was Du unterdrücken mußtest, konnten sie ungehindert ausleben. Sie durften Dich anschreien, verprügeln und sich gegenseitig mit Gegenständen bewerfen. Oftmals magst Du ihnen Rache geschworen haben. Später, wenn Du erwachsen sein würdest, dann...
Doch bis dahin hast Du gelernt, Deine Wut so gut zu kontrollieren, daß sie jetzt nur noch wie ein schleichendes Gift Deine Beziehungen beeinträchtigt. Du fürchtest die Wut nicht nur, weil sie die Ablehnung anderer hervorruft, sondern weil sie Dich daran erinnert, daß Veränderungen notwendig sind. Nicht selten hast Du die Wut auf Dich selbst gelenkt, auf Deine Unehrlichkeit, Deine Lügen. Du hast Wut auf Deine Wut. Alle anderen schonst Du, nur Dich selbst geißelst Du mit Selbsthaß. Welch ein absurdes Spiel!
Vielleicht hast Du aber auch gelernt, Dir mit Wut Gehör zu verschaffen und Zuwendung zu holen. Nicht selten greifen Kinder zu solchen Mitteln, wenn sie keine Zuwendung bekommen. Schließlich geben Lehrer heute noch aggressiven, schwierigen Kindern die meiste Aufmerksamkeit! Es lohnt sich also! Und so schlägst Du heute noch mit Deiner Wut um Dich. Du nimmst jede Gelegenheit wahr, um auf andere wütend zu sein, Du glaubst, daß Deine Wut gerecht ist. Dein Zorn ist Dir heilig.
Wie würdest Du auch dastehen, wenn Du zugeben müßtest, daß andere nur die Auslöser Deiner Wut sind, und Du Deine

Wut dazu benützt, Deine Verletzbarkeit, Deine Unsicherheit, Deinen Schmerz des Nicht-verstanden-Werdens zu schützen? Hinter Deiner Wut steckt meist etwas anderes. Wenn Du einmal eine Schicht tiefer blickst, wirst Du entdecken, daß hinter Deiner Wut eine tiefe Verletzbarkeit und Trauer sitzt, und hinter der Trauer lauert der Schmerz. Der Schmerz des Getrenntseins vom anderen. Doch Deine Wut ist wie ein Schutzschild, der Dich daran hindert, Dich so zu sehen, wie Du wirklich bist. Du hattest Erwartungen an einen Menschen – er hat Deine Erwartungen nicht erfüllt, Dich enttäuscht. Du kaschierst die Enttäuschung mit Wut und schiebst die Verantwortung auf den anderen. Er ist schuldig, daß Du jetzt vor einem Haufen Scherben in Deiner Küche sitzt.

Wenn Du einmal eine Schicht tiefer blickst, wirst Du entdecken, daß hinter Deiner Wut eine tiefe Verletzbarkeit und Trauer sitzt, und hinter der Trauer lauert der Schmerz.

Natürlich hast Du auch die Möglichkeit, Deine Wut zu verstecken, sie in Zynismus umzuwandeln und anderen die kalte Schulter zu zeigen. Ein probates Mittel ist auch stummes Beleidigtsein, um anderen Schuldgefühle zu machen. Du frißt Deinen Groll in Dich rein, wirst depressiv und wunderst Dich später, daß Dein Arzt Gallensteine diagnostiziert. Du lehnst Wut ab, denn Dein schlauer Verstand weiß, daß es zu nichts führt, andere Menschen anzuschreien oder gar zu verprügeln. Und dazu wärst Du beim kleinsten Anlaß schon durchaus fähig, denn Deine Wut hat sich in Dir schon so sehr angestaut, daß Du es nicht einmal mehr wagst, tief zu atmen. Wie kommt es nur, daß aus liebevollen Familienvätern und höflichen Nachbarn auf einmal Amokläufer und eiskalte Mörder werden?

Wut ist Wut. Sie ist weder gut noch schlecht, weder berechtigt noch unberechtigt. Sie ist ein Teil des Lebens. In bestimmten Momenten kommt sie, und sie geht auch wieder. Wenn Du sie aber unterdrückst, wird sie sich gegen Dich richten. Du wirst depressiv, launisch, lebensunlustig und passiv. Nichts macht Dir Spaß, und Du weißt gar nicht mehr, was Du mit Deiner Zeit und Energie anfangen sollst. Dein Leben wird lauwarm, ohne Höhen und Tiefen, die das Leben doch erst lebenswert machen. Wut ist eine nach außen gerichtete Energie, die Dir, falls Du sie aus Deinem Leben verbannst, in

Wut ist Wut. Sie ist weder gut noch schlecht, weder berechtigt noch unberechtigt. Sie ist ein Teil des Lebens.

Situationen, wo Du Dich durchsetzen solltest und zu Dir stehen solltest, fehlen wird.
In Dir trägst Du uralte Verletzungen und die Wut auf Situationen, die Dir vor zwanzig oder dreißig Jahren passiert sind. Und da Du Dir nicht vergeben kannst, ist es Dir auch nicht möglich, anderen Menschen zu vergeben. Aber andere Menschen sind auch nicht perfekt. Sie haben ihre Schwächen und Fehler genauso wie Du. Vielleicht wollten sie Dir gar nichts Böses tun, sie konnten eben nicht anders. Das solltest Du einmal bedenken! Habe doch etwas mehr Geduld und Verständnis für Dich und die Unzulänglichkeit Deiner Mitmenschen! Bei tieferem Verständnis verbirgt sich hinter Deiner Wut Mitgefühl.
Was also tun mit der unbequemen Wut? Zunächst einmal, unterdrücke sie nicht. Schau sie Dir an. Was passiert in Deinem Körper, wenn Du zur Wut wirst? Die Zornesröte steigt Dir ins Gesicht, Du beißt die Zähne zusammen oder zeigst sie sogar. Du legst die Stirn in Falten, kneifst die Augen zusammen oder reißt sie auf, Dein Blick wird stechend... Dein ganzer Körper drückt Imponieren und Drohung aus. Du atmest heftig, Deine Muskeln spannen sich an. Deine Hände mögen Fäuste bilden, auf den Tisch schlagen (statt auf Deinen Gegner) und mit dem Fuß aufstampfen. Wenn Du nicht mehr an Dich halten kannst, fängst Du an, mit Gegenständen zu werfen oder auf Dein Gegenüber loszugehen. Sieht es nicht albern aus, wenn Du Dir dabei zusehen könntest?
Der zweite Schritt ist: Gib Deiner Wut Raum, schiebe sie nicht weg, davon wird sie nicht verschwinden. Wir raten Dir nicht, Deinen Chef niederzuschreien, Deine Kinder zu prügeln, andere Autofahrer auf der Straße zu jagen, Deine Wohnungseinrichtung zu zertrümmern oder Deinen Hund zu beißen. Spätestens wenn Deine Wut verraucht ist, wirst Du es bereuen! Laß Deinen Ärger nicht an anderen aus. Sage, daß Du wütend bist, übernimm die Verantwortung für Deine Wut. Renne, jogge, fahre in den Wald und schreie, schrei im Auto, schlag auf ein Kissen ein. Benutze alle Schimpfwörter, die Du kennst! Du brauchst jetzt Aktivität. Nach einer fünfminütigen Katharsis wirst Du Dich leichter fühlen.
Und nun schließe die Augen. Schau nach innen. Was ist passiert? Was war der Auslöser Deiner Wut? Was steckt hinter Deiner Wut? Was hat Dir Angst gemacht, Dich ver-

letzt, Dich traurig gemacht? Laß diese Verletzung jetzt zu, nicht selten werden Tränen kommen. Das reinigt Dich, das macht Dich wieder offen. Ja, Du hast Dich ohnmächtig gefühlt. Du hast Dir keinen anderen Rat gewußt, als wütend zu werden. Verurteile Dich nicht dafür. Beim nächstenmal wirst Du Deine Verletzbarkeit unmittelbarer zeigen. Habe Geduld mit Dir! Lenke die Wut jetzt nicht gegen Dich selbst, weil Du Deinen Ansprüchen nicht genügen konntest – damit tust Du Dir keinen Freundschaftsdienst. Wut ist ein starkes Gefühl. Sie trägt eine Botschaft in sich, auf die wir hören sollten. Sinnvolle Fragen, die Du Dir stellen kannst sind: Was macht mich wütend? Was steht hinter meiner Wut? Worauf will meine Wut mich hinweisen? Bewußtheit ist der Schlüssel, Deine Wut zu transformieren.
Wir möchten Dir an dieser Stelle eine wunderbare Zen-Geschichte weitergeben, die der Mystiker Osho einmal erzählt hat:

Ein Zen-Schüler kam zu dem Meister Bankei und sagte: «Meister, ich habe eine unbeherrschbare Wut. Wie kann ich sie heilen?»
«Zeige mir Deine Wut», sagte Bankei, «es klingt faszinierend.»
«Also im Moment habe ich sie gerade nicht», antwortete der Schüler, «so kann ich sie Dir auch nicht zeigen.»
«Nun denn», sagte Bankei, «bringe sie mir her, wenn du sie hast.»
«Aber ich kann sie dir nicht bringen, wenn ich sie gerade habe», protestierte der Schüler. «Sie kommt unerwartet, und sicher würde ich sie unterwegs verlieren, wenn ich sie dir bringen wollte.»
«In diesem Fall», sagte Bankei, «kann sie nicht Teil deiner wahren Natur sein. Wenn es so wäre, könntest du sie mir jederzeit zeigen. Als du geboren wurdest, hattest du sie nicht – also muß sie von außen zu dir gekommen sein. Mein Vorschlag ist also, daß du dich, sobald sie dich packt, selbst mit einem Stock so lange schlägst, bis die Wut es nicht mehr aushält und davonläuft.»

Trauer

Trauer ist eine gesunde Reaktion auf einen Verlust beziehungsweise eine Trennung. Das mag im Extremfall der Tod eines geliebten Menschen sein, aber auch die Trennung von einem Partner, von Freunden, Tieren, der Verlust eines Arbeitsplatzes oder der gewohnten, vertrauten Umgebung bei einem Ortswechsel, selbst der Verkauf eines Autos. Wir müssen – vielleicht für immer – Abschied nehmen von Menschen und Dingen, die uns liebgeworden sind. Das schmerzt uns.

Welchen Stellenwert hat die Trauer in unserer Gesellschaft? Es scheint, daß es keinen Platz für sie gibt. Wir verbannen die Sterbenden in isolierte, unmenschliche, speziell dafür vorgesehene Räume. Wir bestatten unsere Toten auf «Fried»-höfen, geschützt vor unseren Blicken, wohl damit WIR unseren Frieden haben. Sonst würden wir ständig auf die Vergänglichkeit unseres Daseins hingewiesen. Wir beauftragen Bestattungsinstitute, die sich der Verstorbenen annehmen, so daß wir möglichst wenig mit dem Tod in Berührung kommen. Die Trennung von den Verstorbenen, die Beerdigung, kann zu einer makabren Show pervertieren, wenn man sich manche Beerdigungen in Amerika ansieht.

Der unmittelbare Ausdruck der Trauer, das Weinen, findet meist nur noch im Dunkeln und der Abgeschiedenheit des Alleinseins statt. Unser Image, mit allem locker und leicht fertigzuwerden, darf nicht gefährdet werden. Weinende Mitmenschen berühren uns unangenehm, wir wissen nicht mit ihnen umzugehen. *(«Nun beruhigen Sie sich doch wieder, es ist schon nicht so schlimm!»)* Schon bei Kindern wird versucht, das Weinen schnellstmöglichst abzustellen. Es rührt uns an unsere eigene Hilflosigkeit und Verletzbarkeit.

«Wir fühlen uns mit unserer Trauer alleingelassen und deplaziert.

Sätze wie «Sei nicht so zimperlich!» und «Große Jungs weinen doch nicht!» haben ihre Wirkung auf uns nicht verfehlt. Sie unterbinden heute noch den ungehinderten Fluß der Tränen. Wir fühlen uns mit unserer Trauer alleingelassen und deplaziert. Wird uns nicht von der Werbung ein Idealbild vorgegaukelt, das aus uns Strahlemänner und Superfrauen machen soll? Tränen finden allenfalls ihren pervertierten Ausdruck beim Ansehen herzzerreißender Filme und im Lesen schnulziger Bücher (auf ein weiteres «Vom Winde verweht» . . .). Da können wir unserer Trauer und Ergriffenheit aus sicherer Distanz freien Lauf lassen. Es hat ja nichts mit mir zu tun! Spätestens wenn wir aus dem Kino gehen oder das Buch zuklappen, packen wir unser Taschentuch ein und werden wieder zu beherrschten, vernünftigen Menschen.

Das war nicht immer so. Auch bei uns gab es Trauerrituale. Das Tragen schwarzer Kleidung ist noch ein Überbleibsel. Bei anderen Völkern gibt es die Klageweiber, welche die Aufgabe der Trauer übernehmen. Wir kennen sogar die Bilder von Männern, die herzerweichend weinen, wenn sie etwas tief berührt hat. Bei Naturvölkern scheint das Trauern nicht den negativen Stellenwert wie bei uns zu haben. So gibt es Indianerstämme, bei denen Weinen regelrecht erwartet wird. Anthropologen haben festgestellt, daß es in diesen Kulturen erheblich mehr menschliche Wärme und Mitgefühl gibt. Diese Menschen sind beneidenswert!

Wann hast Du das letzte Mal wirkliche Trauer gespürt? Kannst Du Dich überhaupt noch daran erinnern? Wenn ja, wie bist Du damit umgegangen? Hast Du Dich verkrochen oder andere Menschen an Deinem Schmerz teilhaben lassen? Hast Du Dich zusammengerissen und den starken Mann, die beherrschte Frau gespielt? Hast Du Dich von jemandem halten und trösten lassen? Oder hast Du vielleicht Kummer und Schmerz so sehr aus Deinem Leben verbannt, daß Du gar nicht mehr weißt, wie sie sich anfühlen?

Die Begleiterscheinungen der Trauer sind den meisten von uns unangenehm, denn wir qualifizieren sie als Schwäche ab. Wir reagieren auf Trauer mit mangelnder Antriebslust oder ausgeprägter Ratlosigkeit. Wir fühlen uns erschöpft, appetitlos, haben Herzschmerzen, können nicht oder schlecht schlafen. Hilflos den Erinnerungen ausgeliefert schmerzt uns häufig auch die Einsicht, wieviel wir verpaßt haben. *(«Ich habe ihr nie gesagt, daß ich sie so sehr liebe.» «Hätten wir uns doch mehr Zeit für uns genommen!»)* Wir fühlen uns schutzbedürftig und brauchen Zuwendung. Doch gerade jetzt fällt es uns schwer, auf andere Menschen zuzugehen, da wir ihre Ablehnung befürchten. Tatsächlich lehnen wir selbst die Trauer ab. Dabei kann das Zeigen von Kummer und Verletzung eine tiefe Intimität und Nähe schaffen, wie es sonst nur selten möglich ist. Haben wir das Gefühl der Trauer nicht

Das Zeigen von Kummer und Verletzung kann tiefe Intimität und Nähe schaffen, wie es sonst nur selten möglich ist.

verarbeitet, wird es neuen Bindungen und Aktivitäten im Wege stehen.
Vielleicht möchtest Du ja gerne Deiner Trauer Raum geben. Doch sie ist so groß, daß Du befürchtest, daß Du von Deinem Schmerz übermannt werden könntest. Du glaubst, ihn nicht aushalten zu können, hast Angst, Deine Arbeit würde darunter leiden, fürchtest, Deine existentielle Grundlage zu verlieren oder gar Deinem Leben ein Ende bereiten zu wollen. Und so versuchst Du mit allen Mitteln, Deine Trauer zu unterdrücken, die gängigen Mittel und Wege sind bereits beschrieben worden. Vielleicht möchtest Du die professionelle Hilfe eines Therapeuten in Anspruch nehmen, der Dich langsam an Deinen Schmerz heranführt. Männer tendieren interessanterweise dazu, bei tiefer Trauer die Idee ihres totalen Untergangs zu kreieren. Sie werden depressiv und begehen leichter Selbstmord. Frauen hingegen scheinen Trauer leichter und schneller zu verarbeiten, vielleicht deshalb, weil sie grundsätzlich mehr Gefühl zu zeigen in der Lage sind. Sie empfinden nach anfänglichem Leiden häufig sogar eine Erleichterung und werden nicht selten «lustige Witwen».
Wenn Du tief in Deine Trauer eingetaucht bist, wirst Du zu Deiner Verwunderung vielleicht feststellen, daß sich dahinter Wut – auch auf Dich – versteckt. Du fühlst Dich betrogen, verlassen, bist enttäuscht. *(«Jetzt hat er mich sitzenlassen, und ich kann mich allein weiterplagen.» «Alle meine Freunde sind so weit weg, warum bin ich Narr bloß umgezogen?!»)* Auch an Deiner Wut ist nichts falsch.
Wann hast Du das letzte Mal geweint? War es als Kind? Muß Dir als Erwachsener erst etwas ganz Schreckliches passieren? Dabei haben wir eigentlich genügend Anlaß zum Weinen: Sieh Dir Deine zerstörte Umwelt an, den Hunger der Menschen, die Kriege... Wenn Du aufmerksam bist, wirst Du viel öfter weinen können, als Du es jetzt glaubst. Du brauchst dazu keinen außerordentlichen Grund. Trauer und Freude werden kommen und gehen wie Sonnen- und Regentage. Weinen reinigt Deine Seele und Deinen Körper, wie die Luft durch einen heftigen Regen sauber und klar wird. Wissenschaftler haben festgestellt, daß unsere Tränen viele Giftstoffe ausschwemmen. Wie weise unser Körper doch ist!
Wir möchten Dich nicht in dem Glauben lassen, Du solltest in Deiner Trauer baden und Dich in endlosem Selbstmitleid

ergehen. Das übermäßige Festhalten an Deiner Trauer kann nur ein Trick Deines Verstandes sein, um nicht durch aktives Handeln neue Wege gehen zu müssen oder Deine Unfähigkeit, das Leben genießen zu können, nicht spüren zu müssen! Doch Trauer völlig aus Deinem Leben zu verbannen und nicht auch einmal in Tränen ausbrechen zu können, wird Dein Leben arm und dumpf machen. Dann wird auch Deine Freude halbherzig und lauwarm sein!

Bewerte also Deine Trauer nicht negativ. Wenn Du sie akzeptieren kannst, hat sie ihre eigene Schönheit und Tiefe. Vielleicht ist sie die tiefste Empfindung überhaupt, die Dich mit Deiner Seele direkt in Kontakt bringt und Dich still werden läßt. Die Momente trauriger Stille können in Dir ein Gefühl der Ewigkeit erzeugen, was Dir sonst kaum möglich ist. Teile Deine Trauer mit Menschen, denen Du vertraust. Sie werden Dich mit Freundschaft dafür belohnen und sich vielleicht an Dich wenden, wenn es ihnen in einer anderen Situation genauso geht wie Dir jetzt. Suche sehr achtsam den Rahmen, in dem Du Deine Verletzbarkeit und Deinen Schmerz zulassen willst. Vielleicht gibt es eine bestimmte Musik, die aus dem beengenden Kloß im Hals Tränen der Befreiung werden läßt. Habe Geduld. Es gibt keine Norm für die Dauer Deiner Trauer. Sie wird vorbei sein, wenn die Trauerarbeit getan ist. Wenn Du sie nicht zuläßt, wird sie Dein ständiger Begleiter sein.

Wenn Du Deine Trauer nicht negativ bewertest, hat sie ihre eigene Schönheit und Tiefe.

Freude

Freude ist ein erwünschtes Gefühl. Jeder Mensch will sich freuen, glücklich sein, doch scheint es gar nicht so einfach zu sein, diesen Zustand zu erschaffen. Viele Menschen haben die Fähigkeit, sich zu erfreuen, völlig verloren. Schauen wir auf der Straße in die Gesichter der Menschen, so sehen wir überwiegend Anspannung, Hektik, Mißmut und Angst. Nur selten blicken wir in strahlende Augen oder in ein lachendes Gesicht. Viele Menschen wissen nicht einmal mehr, was ihnen Freude macht. Trotz (oder etwa wegen?) hohem materiellem Wohlstand ist ihr Leben grau und eintönig. Freude ist fast ein Fremdwort geworden, als ob alles das, was sie sich kaufen und leisten können, keine Freude auslöst. Woran liegt das nur?

Als Kinder gab es viele kleine Anlässe für uns, uns zu freuen: Die Zuwendung, das Lächeln der Mutter, ein neues Spielzeug, der Ausflug in den Zoo, die Lieblingsspeise, das Spielen mit Freunden oder das Finden eines besonders «kostbaren» Steines. Wir lebten unbeschwert von Moment zu Moment. Doch schon bald hörten wir die mahnenden Worte und lasen die reglementierenden Schilder der Erwachsenen, daß wir nicht zu laut spielen sollen und schon gar nicht im Innenhof des Wohnblocks. Spätestens beim Schuleintritt verging doch den meisten von uns das Lachen, denn der «Ernst des Lebens» begann. Jetzt hieß es, unsere natürlichen Wünsche und Bedürfnisse – also auch die spontane Freude – hintenanzustellen, vernünftig zu werden und den Erwartungen der Erwachsenen immer mehr gerecht zu werden. Vorfreude wurde zur schönsten Freude, und wir sollten uns lieber nicht zu früh freuen. Außerdem würde uns das Lachen schon noch vergehen. Und Vorsicht: Übermut tut selten gut! Das Leben ist schließlich kein Spiel... Es schien, die Erwachsenen wollten uns unsere kindliche Freude nicht gestatten, erinnerten wir sie doch zu sehr an ihre verlorene Fähigkeit, glücklich und spielerisch zu sein. Ganz allmählich verging uns das Lachen, erlosch die Freude in uns, wir paßten uns an.

Heute freuen wir uns oft nur noch über das Mißgeschick anderer, sind schadenfroh, freuen uns klammheimlich, wenn wir jemand necken oder ärgern können. Wir belächeln die Fehler anderer, lachen, wenn uns zum Weinen ist oder hoffen auf ein Paradies nach dem Tod, das uns um so mehr Freuden bringen wird, je mehr wir jetzt den Freuden des Lebens entsagen.

Um wieder einmal völlig unbeschwert, freudig und ekstatisch zu sein, kannst Du mit Drogen nachhelfen. Doch der Absturz in Dein freudloses Dasein ist hinterher um so tiefer. Anstatt ebenso verfügbar wie alle anderen Gefühle zu sein, ist unsere Lebensfreude unter unseren Ängsten, Sorgen und Problemen verschüttet. Sie wartet darauf, erlöst zu werden.

Eine kleine Ahnung von Freude erhalten wir, wenn wir unsere Bedürfnisse und Wünsche befriedigen. Wir freuen uns, wenn wir Lob, Anerkennung und Zuwendung bekommen, wenn das neue Auto vor der Tür steht, wenn die Sonne scheint,

wenn wir im Lotto gewinnen oder wenn ein freies Wochenende vor uns liegt. Diese Freuden sind jedoch flüchtig. Allzu schnell denkt sich unser geschäftiger Verstand etwas Neues aus, das uns zu unserem Glück fehlt. Haben wir alle Bequemlichkeiten und genügend Geld, sehnen wir uns nach den Momenten, wo Improvisation und Erfindergeist unser Leben bestimmten. Sind wir mit dem Traumpartner zusammen, denken wir sehnsuchtsvoll an die Tage der Freiheit. Sind wir endlich im wohlverdienten Urlaub, wissen wir nicht, was wir mit der freien Zeit anfangen sollen. Erfüllt sich der Traum vom vielen Geld, sorgen wir uns um seine Erhaltung und die besten Anlagemöglichkeiten.
Freude und Glück scheinen für uns entweder in der Vergangenheit oder in der Zukunft zu liegen. Wir sind unfähig, den Moment zu genießen. Doch was vorbei ist, ist vorbei. Erinnerte Freude ist nur ein Spiel des Geistes, ein Abklatsch wirklicher Freude. Und was noch nicht ist, ist eben nicht. Die Zukunft ist ungewiß. Sie mag ganz anders werden, als wir es uns erhoffen und ausmalen.

Freude und Glück scheinen für uns entweder in der Vergangenheit oder in der Zukunft zu liegen. Wir sind unfähig, den Moment zu genießen.

Wann hast Du zum letztenmal von Herzen gelacht und Dich wirklich gefreut? Nicht über die Blödelsendung im Fernsehen mit den eingeblendeten, stereotypen Lachgeräuschen oder das Ausrutschen Deines Nachbarn auf dem Glatteis vor der Tür, sondern vielmehr über Dich selbst? Lachen schafft auf magische Art und Weise Distanz zu unseren Problemen, entspannt uns und schafft ein Gefühl der Zusammengehörigkeit mit anderen Menschen. Es ist wie eine innerliche Massage. Lachen baut unsere Streßhormone ab, lindert Angst und Schmerzen und fördert den Gesundungsprozeß. Jede Körperzelle freut sich beim herzhaften Lachen. Wissenschaftler behaupten sogar, daß es unser Leben verlängert. Wenn Du also keine Lust auf ein langes Leben hast, brauchst Du nur nicht mehr zu lachen und Du hast Dein Ziel schon halb erreicht.
Viele Menschen haben einen Galgenhumor entwickelt. Sie lachen, um ihre Traurigkeit zu verstecken. Keep smiling! Ihr Lachen wird künstlich, oberflächlich, ja sogar abstoßend. Selbst der beste Witzeerzähler kann uns auf die Nerven gehen. So kann ständiges Lachen zu einem stereotypen Verhaltensmuster werden, um Deine innere Unsicherheit zu verdecken.

Wenn Du wirklich herzhaft lachst, werden Dir irgendwann die Tränen kommen, denn Lachen und Weinen kommen aus derselben Quelle. Sie sind die zwei Seiten der gleichen Münze. Wenn Du übervoll mit Freude bist, lachst Du. Wenn Du überfließt vor Trauer, weinst Du.

Ein beliebtes Spiel der Erwachsenen ist das Wenn-Dann-Spiel. Es geht dabei um Zukunftsfreuden und Ausreden für das Genießen des Moments: *«Wenn ich erst in der neuen Wohnung bin, dann kann ich mich entspannen und glücklich sein.» «Wenn ich einen besseren Job hätte, wäre ich froh.» «Wenn ich einen anderen Partner hätte, dann wäre ich zufrieden.»* Wir schieben das Leben auf und hoffen auf Glück und Freude irgendwann in der Zukunft. Doch wir übersehen dabei, daß wir uns selbst, sprich unsere Unfähigkeit zur Freude, in jede neue Situation mitnehmen. Mit dieser Illusion kannst Du Dein ganzes Leben verpassen. Auf Deinem Totenbett wirst Du dann sagen: *«Hätte ich nur gelebt!»*

Freude läßt sich nicht festhalten und organisieren. Sie kommt manchmal sehr überraschend und geht auch genau so plötzlich wieder – um so schneller, je mehr Du sie festhalten willst.

Freude läßt sich nicht festhalten und organisieren. Sie kommt manchmal sehr überraschend und geht auch genau so plötzlich wieder – um so schneller, je mehr Du sie festhalten willst. Auch positives Denken hilft nicht, wenn Dein Unterbewußtsein Dir sagt, daß Du nichts zu lachen hast oder Dir eigentlich zum Heulen ist. Wenn Du Freude gar planst, ist sie ein äußerst unsicherer Begleiter und läßt Dich gerade dann im Stich, wenn Du sie erwartet hast. Du kennst vielleicht das Phänomen, auf einer Party, einem Empfang oder einem Familienfest unlustig herumzusitzen oder gar tieftraurig zu werden – gerade dann, wenn gute Laune «gefordert» ist?

Freude ist wie eine zarte Blume. Sie braucht Zeit und Stille, den Rhythmus von Aktivität und Ruhe, um aufzublühen. Wenn Du Dein Leben nur mit Terminen vollstopfst, wirst Du sie mit größter Wahrscheinlichkeit unmöglich machen. Wenn Du träge und passiv bist, kann Dir nichts, auch keine Freude, passieren. Eine kleine Veränderung unserer Einstellung kann sie verursachen: Wirkliche Freude ist das Nebenprodukt Deines Akzeptierens!

Wenn Du aufhörst, Situationen, andere Menschen und vor allem DICH selbst ständig zu bewerten (weder positiv noch negativ), dann wird sich eine Freude in Deinem Leben ein-

stellen, die wie ein roter Faden Dein Dasein begleitet. Diese Freude wird nicht laut, extrovertiert und extatisch sein, sondern still und unsensationell. Du wirst die Magie des Alltags entdecken und nicht mehr ständig nach neuen Objekten Deiner Bedürfnisbefriedigung suchen. Du wirst Freude auch in Deinen Tränen, Deinem Schmerz, im Alleinsein, an einem Regentag und ohne das neueste Kleid finden.
Brauchen wir wirklich ständig neue Sensationen, um uns zu freuen? Ist es nicht Freude genug, daß wir leben? Die Existenz beschenkt uns mit einer unermeßlich vielfältigen Natur, verschiedensten Menschen, Landschaften, Tieren, Pflanzen. Keine Wolke gleicht der anderen. Jeder Tag ist anders. An all dem kannst Du Dich erfreuen. Vielleicht kannst Du diese Freude an bestimmten Orten besonders spüren, so zum Beispiel an einem schönen und ruhigen Platz in der Natur. Du sitzt am Waldrand oder an einem Fluß ... Es gibt nichts zu tun, Dein Verstand wird ruhig, Du bist im Ein-Klang mit allem. Eine stille Freude breitet sich aus. Die Zeit scheint nicht mehr zu existieren. Das ist die Freude, zu der wir Dich hinführen möchten. Der Weg dorthin ist nicht immer einfach. Aufmerksamkeit ist der Schlüssel.

Die Lachmeditation

Lachen ist eine spirituelle Qualität. Kein anderes Lebewesen hat die Fähigkeit zu lachen, nur der Mensch, DU. Lachen heilt Deine Wunden. Dazu brauchst Du keinen besonderen Grund. Das mag Dir seltsam erscheinen, doch probiere es einmal aus:
Setze Dich allein oder mit einigen Freunden hin und lache, auch wenn Dir im Moment gar nicht zum Lachen ist (oder gerade dann!). Schließe die Augen und stell Dir in Deinem Bauchraum ein großes lachendes Gesicht vor. Spüre die Wärme, die von dort in Deinen ganzen Körper ausstrahlt. Beginne nun zu lachen, erst leise, dann immer lauter. Dein Lachen mag Dir zunächst unecht vorkommen, schließlich gibt es gerade nichts zum Lachen. Das macht nichts. Lache anfänglich wie ein Schauspieler, der ein Lachrolle hat. Höre nicht auf zu lachen, auch wenn sich Dein überkritischer Verstand immer wieder einschaltet. Lache zehn Minuten, eine halbe Stunde, eine ganze Stunde. Lege die Zeit vorher

fest, damit Du nicht aufgibst, wenn ein kritischer Punkt kommt. Falls Du die Übung mit einem oder mit mehreren Partnern machst, könnt ihr euch gegenseitig unterstützen, indem ihr nach einiger Zeit die Augen öffnet und euch anschaut. Auf keinen Fall sollte dabei gesprochen werden. Wenn die Übung beendet ist, richtest Du Deine Aufmerksamkeit nach innen. Laß den Fluß Deiner Gedanken langsamer werden. Sei ganz still und beobachte Deine Gedanken, Gefühle und Deinen Körper für die gleiche Zeit, die Du mit dem Lachen verbracht hast.

Liebe

Nichts anderes kann uns so sehr in den Himmel heben, uns so beflügeln, aber auch die Hölle auf Erden bescheren wie die Liebe. Sie ist Inspiration nicht nur für Dichter, Musiker und Maler. Was uns über die Liebe erzählt wurde, waren meist die romantisierenden Bilder derer, die sie nicht wirklich erlebten und verstanden. So entwickelten wir unerfüllbare Ziele und schufen unrealistische Ideale, an denen wir und unsere Partner scheitern mußten.
Vielleicht hast Du ja den Richtigen oder die Richtige noch nicht gefunden. Aber irgendwo auf diesem Planeten wartet Dein kluger, schöner, mutiger, reicher Prinz oder Deine anmutige, sexy, anschmiegsame, bezaubernde Prinzessin auf Dich. Sie müssen nur wachgeküßt werden, und dann werdet Ihr beide bis ans Lebensende in honigsüßer Harmonie glücklich und zufrieden in Eurem wunderschönen Heim zusammenbleiben. Die neuzeitliche New-Age-Version ist Dein Seelenpartner, die ach seit Äonen von Dir getrennte Hälfte Deines Wesens, mit der Du doch schon so viele Leben verbracht hast. Du mußt ihn finden, um Dich wieder ganz zu fühlen. Ist Deine Liebesbeziehung gescheitert, so liegt das schlicht und einfach daran, daß ihr nicht füreinander bestimmt wart oder es wieder mal nicht gepaßt hat. Beim nächsten Mann wird alles anders!
Anfangs ist jede Beziehung ganz spannend: Du triffst DEN Partner Deiner Träume, verliebst Dich, Dein Puls geht schneller, der Blutdruck steigt, die Hormone tanzen. Ihr schwebt auf Wolken, der ansonsten graue Alltag erscheint in den schillerndsten Farben. Fehlerfrei ist der geliebte Seelen-

partner, und obendrein vereint er alle Qualitäten, die Du Dir schon immer sehnlichst gewünscht hast. Doch nach einiger Zeit kehrt sich zu Deiner großen Verwunderung meist alles ins Gegenteil um: Was Du so jauchzend bewundert und ehrfürchtig geschätzt hast, stört, ärgert, irritiert und nervt Dich plötzlich. All das Schöne wird zum Ziel Deines Hasses und Deiner Wut. Was ist passiert?

Wenn Du Dich verliebst, sind Deine üblichen Kontroll- und Schutzmechanismen ausgeschaltet. Du machst die verrücktesten Dinge, würdest Deinem Geliebten bis ans Ende der Welt folgen. Warst Du ein überordentlicher Mensch und hast alles sofort erledigt, kann jetzt alles warten und liegenbleiben. Wenn Du geizig warst, so wirst Du nun zu Deiner eigenen Verwunderung großzügig und spendabel sein. Auch wenn Du ansonsten überkritisch und an allem etwas zu mäkeln hast, siehst Du jetzt Deinen Partner als den besten und perfektesten Menschen. Du projezierst alle die Eigenschaften auf ihn, die Du gerne sehen möchtest. Daß Dein Partner in Realität nicht so ist oder auch anders sein kann, fällt Dir erst später bei nachlassender Selbsttäuschung auf.

Gegensätze ziehen sich an, das kennst Du bestimmt schon. So verlieben wir uns mit Vorliebe in den Menschen, der all die Eigenschaften aufweist, die uns fehlen. Es sind nicht das schöne Gesicht und der wohlgeformte Körper, die Dich anziehen. Nein, Du willst Dich vervollständigen, indem Du Dich mit einem Menschen umgibst, der etwas hat, das Du nicht hast. Damit wirst Du aber nicht vollständiger, da die Qualitäten beim anderen bleiben. Du kannst Dir höchstens abschauen, wie Dein Partner mit einer bestimmten Eigenschaft umgeht und wie sie sich äußert. Tatsache ist, Du suchst im anderen immer Dich selbst.

Du suchst im anderen immer Dich selbst.

So verfällt zum Beispiel ein eher rationaler Mann einer romantischen Frau, eine starke Frau sucht sich einen abhängigen Mann, körperfeindliche, verklemmte Männer himmeln sexy Frauen an, Chaoten verlieben sich in Ordnungsfanatiker. Eigentlich wäre das eine große Gelegenheit für alle Beteiligten, ihre Grenzen zu erweitern. Schließlich hat alles seine Berechtigung: Chaos und Ordnung, Regel und Ausnahme, Stärke und Schwäche usw. Doch allzu leicht verfallen wir in starre Rollen und bekämpfen mehr und mehr im anderen, was wir an uns selbst ablehnen oder womit wir uns nicht identifizieren. Das ist nicht verwunderlich, denn kaum jemand von uns hat gelernt, wie man mit solchen Situationen umgeht, wie man sich und andere liebt.

Wir lernten, nach Liebe im Außen zu suchen, anstatt dort, wo sie am nächsten, bedingungslos und unbegrenzt vorhanden ist, nämlich ins uns selbst.

In unserer Kindheit war Liebe meist an Bedingungen geknüpft. Wir bekamen sie nicht ohne Gegenleistung. *«Wenn Du lieb bist, dann gibt's...»* Wir erfuhren Liebe als ein Geschäft, als Handel. Um die lebensnotwendige Zuwendung, Anerkennung und Liebe zu erhalten, mußten wir die Erwartungen der Erwachsenen erfüllen. Unsere Selbstliebe ging dabei drauf, denn wir belogen, verstellten, entstellten, bremsten uns. Wir lernten, nach Liebe im Außen zu suchen, anstatt dort, wo sie am nächsten, bedingungslos und unbegrenzt vorhanden ist, nämlich in uns selbst.

Heute, als Erwachsene, leben wir unsere Liebe meist auf zweierlei Arten, die wir in ihrer Extremform nun schildern wollen:

Abhängigkeit

Du brauchst den anderen, um Dich wohl zu fühlen. Du tust alles, damit er Dich liebt. Permanent hast Du Angst, ihn zu verlieren. Hinter jedem Telefonanruf vermutest Du potentielle Konkurrenten. Deine Eifersucht macht Dich blind, zumal sich Dein Partner verständlicherweise immer mehr von Dir abwendet. Natürlich willst Du gebraucht werden. Wenn dem nicht so ist, nähert sich Dein Selbstwertgefühl schnell der Null-Grad-Grenze. Du machst Dich zum Bettler mit Deinem Hilferuf: *«Bitte, hab' mich lieb!»* Deine Angst und Dein Besitzenwollen töten jede Liebe, denn Liebe ist ein Kind der Freiheit.

Unabhängigkeit

Diese Spielart der Liebe ist meist eine Domäne der Männer. In alter, einsamer Asphaltcowboy- oder Humphrey-Bogart-Manier spielst Du den Coolen, Abgehärteten, dem Freiheit über alles geht. Du liebst Dein Auto, Deine Stereoanlage, Dein Tennisrack, Deinen Hund... aber wenn Du Deiner Zuneigung zu einem anderen Menschen Ausdruck geben sollst, kommt Dir lediglich ein gequältes *«Ich mag Dich»* über die Lippen. Liebe ist für Dich ein abgedroschenes, inhaltsloses Wort. Eifersucht kennst Du auch nicht, schließlich sind wir alle erwachsene, vernünftige Menschen. Unabhängigkeit geht vor Anteilnahme. Du hüllst Dich in eine Aura von Unnahbarkeit, das macht Dich interessant und läßt Dich glauben, als etwas ganz Außergewöhnliches zu erscheinen. Über die im Beziehungskampf ringenden und sich aufreibenden Freunde und Kollegen, die ihr Geld zum Therapeuten tragen, kannst Du nur müde lächeln. Ist der andere da, o.k. Ist er nicht da, auch gut. Du bist gerne allein, Du brauchst Deinen Raum. Mit Deiner Verletzbarkeit – und Liebe macht verletzbar – bist Du nie in Berührung gekommen. Du schützt und hütest sie wie einen wertvollen Schatz (der nie genutzt wird). Du weichst der Liebe aus, um nicht enttäuscht zu werden. Doch unter Deiner Gleichgültigkeit schlummert die Angst vor Intimität, Öffnung, Verletzung und Enttäuschung.

Liebe und Angst sind zwei entgegengesetzte Pole. Das eine verschwindet, wenn das andere da ist.

Diese beiden Spielarten haben mit Liebe reichlich wenig zu tun. Wir lieben mit unserem Verstand, Liebe wird zum Geschäft zwischen zwei Menschen, die sich voneinander Behaglichkeit und Sicherheit erkaufen oder erbetteln, weil sie nicht alleinsein können und vor ihrer eigenen inneren Leere flüchten. Oft verwechseln wir Sex mit Liebe. Wir «denken», wir lieben einen anderen Menschen, dabei tanzen lediglich unsere Hormone. Laß sie tanzen, erfreue Dich, genieße es. Liebe kann daraus entstehen, muß aber nicht.
Obwohl wir Liebe so sehr wollen, daß wir uns manchmal süchtig fühlen, haben wir gleichzeitig eine riesengroße Angst vor ihr. Liebe und Angst sind zwei entgegengesetzte Pole. Das eine verschwindet, wenn das andere da ist. Mit der Angst kennst Du Dich besser aus, sie bietet Gewohnheit und Sicherheit. Du zweifelst an der Liebe des anderen? Dann zweifelst Du an Deiner eigenen Liebe! Deine Liebesbeziehung wird zum Spielfeld der Macht, des Rechthabenwollens. Was anfangs höchste Freude und Lust war, verwandelt sich zunehmend mehr in Leid.
Wirkliche Liebe schafft niemals Leiden. Im Gegenteil: Sie heilt Deinen Körper und Deine Seele. Sie ist das stärkste und natürlichste Heilmittel, das Du in Dir trägst. Ihr Bedürfnis ist zu geben, den eigenen inneren Überfluß mit anderen zu teilen. Dabei brauchst Du keine Bedenken zu haben, Dich zu

verausgaben: Je mehr Du gibst, desto mehr wirst Du zurückbekommen. Nur wenn Erwartungen ins Spiel kommen – und wer ist schon völlig frei davon – und Du etwas vom anderen zurückverlangst, beginnt das Drama, das Leiden, der Schmerz. Wenn Deine Liebe nicht erwidert wird, dann frage Dich, ob Du wirklich liebst oder etwas anderes unter dem Etikett Liebe passiert. Etwa Besitzenwollen? Geld? Macht? Ruhm? Anerkennung? Sicherheit? Angst vorm Alleinsein? Kann ich nicht allein glücklich sein, weil ich mich nicht selbst liebe und mir gebe, was ich brauche? Unsere Behauptung lautet: Wenn Du jemanden wirklich liebst, liebt er Dich auch (auch wenn er sich dessen nicht bewußt ist).

Was, so wirst Du Dich fragen, ist denn nun Liebe? Ein sicheres Anzeichen der Liebe ist Stille. Es gibt nichts mehr zu sagen. Ein Gefühl der Zeitlosigkeit und Freude breitet sich in Dir aus. Du bist «mit-fühlend».

Liebe in ihrer reinsten Form ist ein Seinzustand. Sie muß sich nicht auf einen bestimmten Menschen beschränken. Sie ist wie der köstliche Duft einer Blume, und andere Wesen werden sich von diesem Duft angezogen fühlen. In diesem Zustand, der vielleicht durch einen Menschen ausgelöst wurde, wirst Du auch den eigenbrötlerischen Nachbarn, die zänkische Kollegin, die Fahrt in der muffigen U-Bahn oder den grauen Winterhimmel lieben. Liebe öffnet Deine Augen. Du fühlst Dich verbunden mir der gesamten Existenz, mit Blumen, Tieren, Menschen. Sie macht Dich verletzlich und gleichzeitig stark, denn sie vereint die Gegensätze in uns. Verurteile Dich nicht, wenn Deine Liebe unvollkommen ist. Damit tust Du Dir keinen Gefallen. Fange mit der Selbstliebe an. Sie ist das Samenkorn. Genieße und liebe erst Dich, dann die anderen Menschen und endlich Dein ganzes, verrücktes Leben.

...es ist, was es ist,
sagt die Liebe...

Akzeptieren

Die Kunst, Dein bester Freund zu sein, ist eng verbunden mit Deiner Fähigkeit, Dich zu akzeptieren, so wie Du bist. Immer wieder ist dieser Begriff in den vorausgegangenen Kapiteln aufgetaucht. Um Mißverständnisse in unserer Kommunika-

tion zu vermeiden, möchten wir verdeutlichen, was wir darunter verstehen.
Akzeptieren bedeutet nicht, alles hinzunehmen, nichts zu verändern, apathisch in der Ecke zu sitzen oder gar auf Kosten anderer zu leben. Es ist nicht das bequeme Vertrauen auf die Existenz, die alles regeln wird. Vielleicht entdeckst Du in Dir den Widerspruch, der lauten könnte: Wenn ich mich akzeptiere, wie ich bin, dann wird sich ja nie etwas verändern! Zuerst werde ich ständig aufgefordert, etwas zu tun, und nun soll ich nichts tun! Was heißt akzeptieren in diesem Zusammenhang?
Akzeptieren ist die Beobachtung und das Annehmen des Lebens, so wie es ist, ohne zu urteilen. Das heißt nicht, daß Urteile falsch sind. Sachliche Urteile bilden zu können, denen kluge Entscheidungen folgen, gehört zur Weisheit des erfahrenen, wachen Menschen. Urteilen und Stellung beziehen sind ein wichtiger Teil des Individuationsprozesses. Akzeptieren bedeutet auch, daß Du Deine Urteile erkennst und annimmst. Du kannst sogar Dein Nicht-Akzeptieren ohne negatives Urteil annehmen! Das Gegenteil des Akzeptierens ist die Ablehnung. Durch sie schaffst Du eine Spaltung in Dir und fügst Dir selbst Schmerzen zu. Jedesmal, wenn Du andere Menschen ablehnst, lehnst Du Dich damit selbst ab. Nimmst Du andere an, so wie sie sind, tust Du nicht nur ihnen, sondern vor allem Dir einen großen Freundschaftsdienst. Es geht nicht darum, andere um jeden Preis zu tolerieren, um Konflikten und Entscheidungen auszuweichen, auch nicht um Höflichkeit oder oberflächliche Freundschaftlichkeit. Beobachte genau, ob Du den anderen oder Dich selbst wirklich aus tiefstem Herzen annimmst oder ob Du so tust als ob, weil das Dein Leben vereinfacht. Lerne zunächst einmal Dich wieder selbst zu lieben. Geht keine Energie mehr in den Kampf gegen das, was mit Dir ist, wirst Du Dich mit Dir selbst aussöhnen und Deine Wunden heilen. Dein Mitgefühl und Deine Liebe für andere Menschen werden wie von selbst wieder aufblühen. Akzeptieren ist auch ein Schlüssel, um im Hier und Jetzt zu leben. Dieser Zustand ermöglicht Dir, Glück, Lebendigkeit und Freiheit zu erfahren.

Akzeptieren bedeutet auch, daß Du Deine Urteile erkennst und annimmst. Du kannst sogar Dein Nichtakzeptieren ohne negatives Urteil annehmen!

Beobachte genau, ob Du den anderen oder Dich selbst wirklich aus tiefstem Herzen annimmst oder ob Du so tust als ob, weil das Dein Leben vereinfacht.

Kapitel 11

Den Verstand zum Freund machen . . .

In den vorausgegangenen Kapiteln mag Dir vielleicht schon klargeworden sein, was Dein Leben so problematisch, kompliziert oder schwer machen, Dir aber auch die größten Freuden bereiten kann: das Ding im Kopf – der Verstand. Das Gehirn ist der Sitz des Verstandes. Es wiegt im Durchschnitt drei Pfund, hat dreizehn Billionen Nervenzellen und erlaubt Dir einen direkten, sofortigen Zugriff auf alle gespeicherten Daten. Es übertrifft jeden Computer gleicher Größe an Speicherkapazität und Schnelligkeit. Der Verstand ist die Software, das Gehirn die Hardware. (Wichtig: Software kann man verändern.) Der Verstand hat leider auch Funktionsmängel: Er sammelt alle Daten, löscht sie nur widerstrebend, ist kaum abzuschalten, spielt sich als der Herr im Haus auf, statt Dein Diener zu sein. (Darauf kommen wir später noch ausgiebig zu sprechen.) Er produziert unablässig tiefe, edle, erhabene, schmerzhafte, schmutzige, niedrige, grandiose, krankmachende, störende, beruhigende, aufregende oder schöne Gedanken.

Alle Gedanken entstehen auf die gleiche Art und Weise: Ein Reiz von außen (ein Geräusch, ein Bild, ein Duft, eine Berührung usw.) veranlaßt Deinen Verstand, einen Gedanken zu bilden. Die Energie eines Gedankens veranlaßt die Neuronen, im Gehirn Impulse abzugeben. Ein Impuls aktiviert ein Neuron, das ein weiteres Neuron aktiviert und so weiter. Schließlich wird aus einem kleinen Impuls ein großartiger oder niederschmetternder Gedanke. Eine unablässige Folge von Impulsen läßt uns ständig denken. Dieser Prozeß verselbständigt sich irgendwann so sehr, daß es nicht einmal mehr eines äußeren Reizes bedarf, um zu denken. Wenn Du von allen äußeren Reizen isoliert bist und auf eine weiße Wand starrst, wirst Du bemerken, daß Du noch sehr lange Zeit weiterdenkst und sich erst nach vielen Tagen Dein Denken verlangsamt, bis schließlich erste, größere Lücken

entstehen. Wenn wir nur so vor uns hindenken, ohne uns auf etwas zu konzentrieren, verbreitet sich die Gedankenenergie diffus wie ein sich auflösender Nebel und verliert sich schließlich. Im Gegensatz dazu bewirkt Konzentration, daß ein Gedanke wie ein Lichtstrahl gezielt abgestrahlt wird. Der wirkt dann auf das «bedachte» Objekt (Dein Mann, Dein Boß, den Verkäufer im Kiosk, Deinen Hund, Gott im Himmel, Dein Auto, Deine Geranien auf dem Balkon...). Das geht blitzschnell: Mit Lichtgeschwindigkeit verbreitet sich der Gedanke bis in den Kosmos. So kommt es, daß Du eine Freundin in einem anderen Kontinent anrufst, die Dir erstaunt mitteilt, gerade an Dich gedacht zu haben. Was immer wir über jemanden oder etwas denken, es trifft das Objekt – sogar auf dem Mars. Du kannst liebevolle oder grausame Gedanken formen, aber sei Dir bewußt, daß sie eine machtvolle Kraft sind. Sie haben garantiert Auswirkungen, auch wenn Du sie nicht unmittelbar zu spüren bekommst!
Nutzen wir Deinen Verstand jetzt, um ihn zu verstehen und besser handzuhaben, anstatt von ihm tyrannisiert oder so gesteuert zu werden, daß Du Dich mehr haßt als liebst. Wir wollen Dich jetzt Schritt für Schritt in diesen Prozeß hineinführen, so daß Du Deinen Verstand mehr und mehr beobachten kannst.

Funktionsbeschreibung des Verstandes

Der Verstand unterliegt dem Zwang zu denken. Das ist seine Bestimmung. Er hat seit Beginn Deines Lebens eifrig Daten gesammelt und sie als Erinnerungen gespeichert. Was Dich zu dem macht, der Du bist, was Du glaubst zu sein (Du bist es nicht!), ist die Summe aller Deiner Erfahrungen, Deiner Gedanken. Alles zusammen ergibt ein Bild, das Du von Dir machst. Das gleiche gilt für Deine Umwelt, Deinen Mann, Dein Haus, den Baum im Garten, den Staubsauger... Du identifizierst Dich mit Deinen Bildern, glaubst an sie. So «erdenkst» Du Dir Dein Selbstbild und das Deiner Umwelt – mit der Realität mag das überhaupt nicht übereinstimmen. Bilder verhindern, daß wir uns selbst oder einem anderen Menschen wirklich begegnen können. Du siehst oder nimmst nicht die Realität wahr, sondern etwas, was Dein

Verstand als verträglich mit seinen Erinnerungen und Erfahrungen einsortieren kann. Sein Softwareprogramm kann nur vergleichen. Das liegt an einigen Mängeln des Verstandes, die mittels einiger machtvoller Methoden behoben werden können. Dazu kommen wir später.

Deine Erinnerungen bewahrt der Verstand im ursprünglich leeren Gedächtnisspeicher auf, um sie schließlich zu nutzen. Dafür muß er denken. Kaum siehst Du einen Gegenstand, sucht er nach einer Erinnerung im Gedächtnis für seine Bezeichnung, wie Du damit umgehen sollst, was dieser vielleicht kostet, wo Du ihn schon einmal gesehen hast, was dabei passierte und was für ein Gefühl damit verbunden war. So weit, so gut. Aber das Ding läßt uns nicht mehr in Ruhe. Es arbeitet unablässig weiter. Das ist für die Arbeitsanweisungen, die unsere Körpersysteme steuern und uns am Leben erhalten, natürlich wichtig. Darüber hinaus aber lähmt Dich seine Routine, macht Dich dumpf und leblos. Du hörst Deinem Verstand nicht mehr aufmerksam zu. Er plappert ständig vor sich hin, statt sich nur zur Verrichtung der täglichen Dinge und zur Arbeit einzuschalten und sonst gefälligst zu schweigen. Selbst wenn Du schläfst, ruht er nicht. Deine Träume sind auch Gedanken. Wie erholsam ist doch ein traumloser Schlaf: Kein ständiges Herumwälzen, Zucken, heftiges Atmen. Das ständige Geplapper Deines Verstandes kostet Dich viel Energie! Die könntest Du doch für etwas anderes verwenden...

Du nimmst nicht die Realität wahr, sondern etwas, was Dein Verstand als verträglich mit seinen Erinnerungen und Erfahrungen einsortieren kann.

Zu Beginn Deines Lebens und auch heute noch widmet sich Dein Verstand leidenschaftlich der Aufgabe, das Chaos des Lebens zu ordnen. Als Kleinkind empfandest Du das Leben als unstrukturiert, offen, im neutralen Sinn chaotisch, weil Du keine Erfahrungen, Erinnerungen hattest. Im Laufe der Zeit formen diese Erfahrungen Deine Glaubenssätze und Deine Bilder vom Leben. Für den Umgang mit diesen bildest Du Verhaltensweisen. Mit allen Erfahrungen verbindest Du Gefühle. Hast Du zum Beispiel in Deiner Kindheit den spielerischen Umgang mit tiefem Wasser gelernt, wirst Du als Erwachsener keine Angst vor ihm haben.

Dein Verstand versucht alles zu ordnen, neue Erfahrungen einer alten zuzuweisen. Ordnung ist sein Prinzip. (Chaos macht ihm sehr viel Angst.) Das Bekannte versucht er zu erhalten. Neues wird nur widerstrebend akzeptiert. Unbegreifliches und Unbekanntes kann er nicht erkennen, weil er keine Vergleichsmöglichkeit hat. Er reagiert mit Ablehnung und Angst beziehungsweise Panik bei allem, was sich nicht mit einer ihm bekannten Erfahrung deckt. Um es zu überziehen: Stell Dir vor, Du wachst morgens auf, und der Himmel ist grün. Garantiert bricht Dein Verstand – also Du, wenn Du Dich mit ihm identifizierst – in Panik aus. Aber was ist schon falsch an einem grünen Himmel? Nichts.

Ihn gar abschalten zu wollen, um sich endlich einmal zu erholen und die heißgelaufenen Neuronen abkühlen zu lassen, würde sein Überleben und seine Machtposition gefährden. Mit vielerlei Schlichen und Tricks versucht er jegliche Annäherung an diesen Zustand zu verhindern.

Wir leben in einer verstandes- beziehungsweise vernunftorientierten Gesellschaft. Da hat das Denken einen hohen Stellenwert. Alles will ergründet, erforscht, bewiesen werden. Haben wir eine Lösung oder Erklärung gefunden, sind wir befriedigt. Fälschlicherweise werden Menschen, die für alles eine Erklärung haben, als intelligent betrachtet. In Wahrheit hat ihr Verstand Angst, er würde etwas nicht begreifen und nicht recht haben. Also: Dein Verstand hat immer Angst. Das verhindert, daß er frisch, klar, aktiv und frei ist.

Fälschlicherweise werden Menschen, die für alles eine Erklärung haben, als intelligent betrachtet.

Achtsamkeit und Aufmerksamkeit unterbrechen den Prozeß der Anhäufung von unwichtigen, unerledigten Dingen im Verstand. Wenn Du Deinen Verstand beobachtest und seine Mechanismen erkennst, wirst Du wahre Intelligenz erlangen können. Dann gehörst Du zu den Menschen, die ihren Verstand als wichtiges, wunderbares Instrument benutzen, statt sein Sklave zu sein.

Die Fähigkeit des Verstandes, unermeßlich viele Informationen systematisch zu speichern und nötigenfalls miteinander in Bezug zu setzen, ist das Wissen. Immer hat der Verstand Erklärungen und Beweise parat. Was hat er – Du – nicht alles gelernt! Unsere Gesellschaft pocht so sehr auf die Notwendigkeit umfangreichen Wissens. Ein Drittel ihres Lebens verbringen viele Menschen in Schulen und Universitäten, um Wissen anzuhäufen. Das Ergebnis ist keine Lebensweisheit oder wirkliche Intelligenz. Wissen ist eine Ansammlung von Erfahrungen und Merksätzen. Noch nie verfügte die

Menschheit über so viel Wissen wie heutzutage. Doch was haben wir damit gemacht? Geht es uns deshalb besser? Gehen wir friedlicher, liebevoller, rücksichtsvoller, intelligenter mit uns, unseren Mitmenschen und unserem Planeten um? Im Gegenteil.

Die Mängel des Verstandes

Der Verstand ist ganz und gar nicht frei von Mängeln. Läßt man ihn unbeobachtet und unkontrolliert herumschweifen, macht er Fehler bei der Verarbeitung und Auswertung von Erinnerungen (Daten). Diese Fehler löscht er nur widerstrebend. Eine wichtige Ursache der unvollständigen und einseitigen Aufzeichnung von Erinnerungen ist die Unaufmerksamkeit. Das stimmt bedenklich, denn schließlich beruht unser gesamtes Tun, Empfinden und Entscheiden auf den Informationen unseres Verstandescomputers.
Bei falsch bewerteten und zugeordneten Erlebnissen führt das zwangsläufig zu falschen Schlußfolgerungen (Glaubenssätze, Werte, Ideale, Ziele) und Lösungsvorschlägen (Verhaltensweisen, emotionale und körperliche Reaktionen). Siehst Du das erboste Gesicht Deines Mannes, mag Dein Verstand erklären, daß Du Dich verteidigen mußt. Du bewertest und re-agierst statt zu erkennen und zu agieren. Soll er doch sein grimmiges Gesicht machen, Du hast damit vielleicht gar nichts zu tun oder?
Du magst beispielsweise einmal ein schmerzhaftes Erlebnis mit dem Auto gehabt haben, und Dein Verstand beschert Dir nun bei jeder Autofahrt das Gefühl der Angst vor einem Unglück. Oder Du könntest mit der Mir-geht-es-ja-so-schlecht-Methode Mitgefühl erhalten haben und fühlst Dich «liebend gerne» so, weil es dann immer Streicheleinheiten gibt. Automatisch folgerst Du wahrscheinlich, ein blauer Himmel und Sonne verheißen warmes Wetter und gehst im Winter bei klirrender Kälte leicht bekleidet aus dem Haus. Du glaubst, Sonnenbaden tut gut, aber in Wirklichkeit verbrennst Du Deine Haut.

Dein Verstand will immer recht haben. Sonst ist sein Überleben bedroht.

Dein Verstand will immer recht haben. Sonst ist sein Überleben bedroht. Dein Glaube an die Richtigkeit dessen, was der Verstand Dir sagt, ist unvermeidlich, wenn Du ihn nicht kritisch beobachtest, überprüfst, anzweifelst. Achtsamkeit und Zweifel sind die Zündfunken der Selbstüberprüfung und Veränderung. Kann es sein, daß Dein Verstand sich irren kann?

Dein Glaube ist eine äußerst starke Macht! Er kann Dich zerstören oder heilen. Er zieht Mißerfolg oder Erfolg an. Mit den erstarrten Glaubenssätzen Deines Geistes, die auf vergangenen Erfahrungen beruhen, trennst Du Dich von Deinen Mitmenschen. In diesem Fall operiert der Verstand mit nicht mehr aktuellen Daten als Vorgabe für Deinen Glauben. Wir alle sind, bis auf verschwindend kleine Ausnahmen, Verstandesmenschen, die an etwas glauben. Der Verstand glaubt an eine Religion, eine Nation, eine Gesellschaftsklasse, eine Gruppe, einen Lehrmeister, ein Vorbild, eine Philosophie, eine Norm usw. Er braucht einen überschaubaren Rahmen, Du jedoch nicht. Du kannst auch ohne diesen Rahmen als Individuum leben. Blinder Glaube erzeugt Kriege, Wettstreit, Gewalttätigkeit, Konflikte, Trennung. Überprüfe Deine Glaubenssätze, wie immer sie auch lauten mögen! Ist Dir Dein Glaube hinderlich und schneidet er Dich von Deinen Mitmenschen ab? Macht er Dein Leben problematisch und dumpf oder einfach und abwechslungsreich?

Hat Dein Verstand eine Erinnerung gefunden, an die ein Gefühl gekoppelt ist, so wird er die neue Situation sofort mit diesem «vergangenen» Gefühl verbinden, und schon hast Du eine Bewertung vorgenommen. Diese wird im Verstandesdatenspeicher aufbewahrt. Alle Daten müssen aber ständig überprüft und aktualisiert werden, sonst lassen sie Dir keine Möglichkeit, das Leben jeden Moment neu und frisch zu erfahren.

Erinnern, bewerten und vergleichen geschieht meist unbewußt und ohne Pause. Dabei nimmt der Verstand nur widerwillig Korrekturen vor. Das schafft Konflikte, da sich das Leben ständig verändert: Gegenstände werden verbessert, Straßen umbenannt, Staatenbündnisse lösen sich auf, das Klima ändert sich, Dein Mann ist reifer geworden, Du bist nicht mehr derselbe Mensch...

Der Verstand lebt in einer Welt der Gegensätze, das heißt, er bewertet alles und «erschafft» sich selbst dafür die notwendigen Gegensätze. So mag er zum Beispiel denken: *«Ich bin dick, ich muß dünn werden.» «Ich lasse mich zu sehr stressen, ich muß ruhiger werden.»* So kommt es zum Widerspruch, zum Kampf gegen das «was ist». Der Verstand kann nicht die alte taoistische Weisheit der Existenz von Yin und Yang (das Leben besteht aus scheinbaren Gegensätzen, die sich wechselweise ergänzen...) anerkennen. Sein Konzept ist das «Entweder-Oder», nicht das «Sowohl-Als-auch». Doch wenn wir ein harmonisches Leben wollen, müssen wir mit dem umgehen lernen «was ist».

Projektionen sind Fehlschaltungen des Verstandes. Er erzählt Dir nichts von der Wirklichkeit, die er nicht erkennen kann, sondern von den Bildern, die er sehen will und einordnen kann. Es ist nicht Realität, was nicht sein darf, sagt der Verstand. Natürlich eine reine Schutzmaßnahme, um seine Allwissenheit und Deinen gemächlichen Lebenswandel nicht in Gefahr zu bringen! So läufst Du durchs Leben und glaubst, die Wirklichkeit zu sehen und hören und fühlen, doch in Wahrheit erhältst Du nur gefilterte Informationen. Du trägst immer eine Brille, durch die Du die Welt siehst.

Du trägst immer eine Brille, durch die Du die Welt siehst. Aber die Wirklichkeit ist oft ganz anders.

Würdest Du der ganzen Wahrheit oder absoluten Wirklichkeit in diesem Moment gewahr werden, hättest Du mit aller Wahrscheinlichkeit einen Nervenzusammenbruch oder würdest vor Schreck sterben. Es wäre zuviel des Ungewohnten, Unbekannten, Neuen. Du kannst Dich diesem Zustand langsam nähern. Eine gute Methode dafür ist die Meditation. Nun wird auch Dich die Frage beschleichen, warum Du und alle anderen denn nicht schon längst etwas unternommen haben, wenn derartige Mängel bekannt sind. Einen erheblichen Anteil an der Verweigerung zur Änderung hat der Verstand selbst. Schließlich bist Du mit ihm identifiziert. ER sagt DIR, was DU tun sollst, und DU glaubst IHM, weil Du denkst, daß DU der Verstand bist! Er gibt sich nicht freiwillig selbst den Todesstoß. Wenn Du ihm nicht auf die Schliche kommst, wird das bis zu Deinem letzten Atemzug so weitergehen. Du wirst auch aus diesem Leben scheiden, ohne jemals die entfernteste Ahnung von einer anderen Realität gehabt zu haben. Jegliche drastische Korrekturen Deines Verstandesprogrammes, Aufhebung Deiner Identifikation und daraus folgende Verhaltensänderungen werden Unruhe und Neuorientierungen für Dich bedeuten. Möglicherweise wirst Du auch einige Deiner Lebenslügen entdecken, das kann schmerzhaft sein und Angst machen.

Nur der stille Verstand kann lieben

Kommen wir wieder zum Thema Selbstliebe zurück und sehen uns an, was Du tun kannst, um Deinen Verstand zu «heilen». Nur ein «stiller» Verstand kann Selbstliebe ermöglichen. Gehe mit ihm sanft und liebevoll um. Sage ihm, daß Du ihn nicht verachtest oder haßt. Schließlich hat er Dich immer beschützen und Dir helfen wollen. Erzeuge keinen Widerstand gegen ihn oder Zwang, ihn verändern oder gar loshaben zu wollen! Du möchtest statt dessen ab jetzt an seiner Arbeit mehr teilhaben und auch mitreden. Schaffe also keine neuen Polaritäten, um die Polaritäten des Verstandes auszuschalten. Sonst bekämpft Ihr Euch, und Du wirst der Verlierer sein!

Reizreduzierung

Um die Ursachen nutzloser, verwirrender und energieverbrauchender Gedanken zu reduzieren, ist es zunächst einmal sehr wertvoll, die Flut der Informationen und Reize, die auf Dich einströmen, zu reduzieren. Das tut auch Deinem Nervensystem gut. Es ist ein hochsensibles System von Sensoren und Verbindungsleitungen, die bei Überlastung zu Kurzschlüssen führen können. Du verlierst Deine Mitte und wirst immer mehr zum Spielball der Außenreize. Eine destruktive «Lösung» ist es, sich mit Beruhigungsmitteln und Drogen «stillzulegen». Das verschlimmert letztendlich Deine Situation. Nur durch eine Reduzierung von äußeren Reizen kannst Du mehr innere Ruhe erhalten und wirst Dich besser beobachten können.

Lies nicht jede Zeitschrift, jede Zeitung, nicht alles, was in ihnen steht. Beschäftige Dich nur mit dem, was Dich tatsächlich interessiert oder Dein Leben direkt betrifft und Dich innerlich bereichert. Du kannst Horrorliteratur, Gedichte, Wirtschaftsberichte oder Bücher wie dieses lesen. Jedes Buch wird andere Gedanken und Gefühle, entsprechend seinem Inhalt, in Dir auslösen.

Beschränke Deine Gespräche mit Menschen auf die Themen, die Dich wirklich betreffen.

Sei auch wählerisch und aufmerksam, welche Filme und Fernsehprogramme Du Dir ansiehst.

Es mag sein, Du brauchst einmal eine völlige Medienabstinenz. Umgebe Dich mit wohltuenden, angenehmen Reizen, die Dich beruhigen und entspannen: Wenige, helle Farben,

wohlriechende Düfte, ansprechende Gegenstände in Deiner Wohnung... Beschränke Deine Gespräche mit Menschen auf die Themen, die Dich wirklich betreffen. Stell oberflächliche Konversation soweit wie möglich ein. Vielleicht verbringst Du einmal ein Wochenende schweigend und allein und erlebst den Moment schöpferischer Stille.
Je weniger Reize Du empfängst, desto weniger Anlaß für Gedanken ist da.

Be-Denk-Zeit
Richte es so ein, daß Du regelmäßig Zeit hast, Dinge zu Ende zu denken. Entscheide wichtige Dinge Deines Lebens nach Deinem individuellen Rhythmus – laß Dich nicht hetzen. Gib Dir Be-denk-zeit. Nicht nur, wenn Du Wichtiges zu entscheiden hast, sondern immer. Damit entwirrst Du das Knäuel der Gedanken, gibst Deinem Verstand die nötige Zeit zum «Einsortieren» und «Ablegen».
Dazu brauchst Du Muße: Du jätest den Garten, malst ein Bild, schaust aus dem Fenster, gehst spazieren usw. Vielleicht hast Du einen Lieblingssessel oder «Denkstuhl» in Deiner Wohnung, in dem Du Dich besonders wohl fühlst oder einen Platz im Park oder am Waldrand, wo Du Dich gerne aufhältst, um in Ruhe alle Dinge zu überdenken. Nichtstun muß nicht zwangsläufig langweilig sein! Dein innerer Film ist spannend genug...
Wenn Du Dir regelmäßig Zeit zum Nachdenken gibst, wird Dein Verstand wacher und klarer werden. In solchen Momenten der Muße wirst Du viele Deiner inneren Stimmen wahrnehmen können. Sie mögen einander bekämpfen, sich widersprechen oder unterstützen. Alle haben ein Recht, gehört zu werden. Sie können Dir bedeutungsvolle Informationen geben.

Aufmerksames Beobachten
Kennst Du den Moment, wenn Du Dich zu Hause angekommen kaum erinnerst, wie Du durch die Stadt gefahren bist? Oder Du fragst Dich abends, was Du denn den ganzen Tag gemacht hast? Und wie es eigentlich dazu kam, daß Du aus heiterem Himmel einen Wutanfall hattest? Oder was der Grund für Dein merkwürdiges Gefühl der Verwirrung ist...
Die meisten Menschen verschlafen ihr Leben, «überleben» nur dank eines geheimnisvollen Autopiloten und er-

fahren kaum (vielleicht nie), was in ihrem Körper, ihrem Geist und ihrer Seele wirklich vorgeht. Es vergeht kein Moment, wo nichts in Dir und mit Dir passiert, sich nichts erneuert oder verändert! Und Du verpaßt dieses aufregende Abenteuer Leben, indem Du Dich ständig im Außen orientierst?

Vermeiden wir ein mögliches Mißverständnis: Konzentration ist keine wirkliche Aufmerksamkeit. Sie geschieht mit Deinem Willen. Konzentration heißt, sich ausschließlich mit einem Gedanken oder einem gedanklichen Thema (zum Beispiel Problemlösung bei der Arbeit) zu befassen und sich ständig zu bemühen, andere als die gewünschten Gedanken abzuwehren. Das bedeutet Widerstand und Anstrengung. Daher bist Du nach langen Phasen der Konzentration oftmals geistig sehr erschöpft. Andererseits kann Konzentration von selbst und mühelos als Folge von Aufmerksamkeit geschehen, wenn sich diese auf eine bestimmte Tätigkeit richtet (zum Beispiel aufmerksames Autofahren).

Im Gegensatz zur Konzentration entwickelst Du in der Aufmerksamkeit keine Widerstände gegen Gedanken, Urteile, Interpretationen usw. Du läßt alles, «was da ist», zu. Du wirst zum stillen Beobachter.

Durch nichtbewertendes Beobachten wird sich Dir die Realität offenbaren. Du verlierst Dich nicht in Illusionen oder Projektionen. Indem Du Dir lediglich den ganzen Prozeß des Fühlens, Denkens und Handelns vorurteilslos anschaust, nimmst Du Deinem Verstand die Basis für Rechthaberei und Urteile. Wenn Du mehr und mehr Zeuge Deiner eigenen Handlungen wirst, kannst Du Dich erkennen, so wie Du wirklich bist. Das Bild, das Du von Dir hast *(«Ich kenne mich doch, das paßt wieder einmal zu mir...»)* und das nicht mit der Realität übereinstimmen mag, wird korrigiert werden oder sich ganz auflösen.

Durch nichtbewertendes Beobachten wird sich Dir die Realität offenbaren. Du verlierst Dich nicht in Illusionen oder Projektionen.

Aber Vorsicht: Zu leicht könntest Du Dich auf den sicheren Platz des Beobachters auf dem Turm zurückziehen, der mit seinen Gefühlen nichts zu tun hat. Ein Beispiel: Du bist eifersüchtig, und um dieses Gefühl nicht spüren zu müssen, ziehst Du Dich auf den Beobachterposten zurück. Sei Dir bewußt, daß Du keine Trennung zwischen Dir und Deinen Gefühlen kreierst. Fühle – und beobachte gleichzeitig.

Aufmerksamkeit heißt völlig achtsam, lebendig und wach zu sein! Schauen wir uns an, wie sich dieser Zustand auf Dein Leben auswirken und Deinen Umgang mit Dir selbst beeinflussen kann.

Aufmerksamkeit bedeutet:

- Du bewertest nicht. *(«Eifersucht ist doch kindisch!»)*
- Es entsteht kein Konflikt in Dir. *(«Normalerweise fühle ich mich doch gar nicht eifersüchtig, was ist denn jetzt passiert?»)*
- Du nimmst einfach wahr, was passiert. *(«Ich spüre, wie ich im Moment eifersüchtig bin.»)*
- Du bist nicht hoffnungslos in der Gewalt Deiner mechanischen Routine – erst denken, dann fühlen, dann reagieren gefangen. Das sieht normalerweise so aus: Du fühlst etwas, denkst Dir eine Verhaltensstrategie aus, und dann reagierst Du – das alles geschieht unbewußt und automatisch.

Mit Aufmerksamkeit kannst Du Deine eingefahrenen Handlungsmuster durchbrechen. Du wirst Dir dessen bewußt, was geschieht, noch bevor oder während es passiert. Häufig können wir doch nur im Rückblick erkennen, was wirklich geschehen ist! Aber dann haben wir bereits emotional gehandelt und unseren Partner verletzt, unsere Arbeit sabotiert oder einen nutzlosen Vertrag unterschrieben.

Mit Aufmerksamkeit kannst Du Deine Routine unterbrechen und Dich selbst im Laufe der Zeit umprogrammieren. Es gibt verschiedene Schritte des Beobachtens:

Beobachte zunächst Deinen Körper. Verfolge aufmerksam die Art, wie Du Dich bewegst, gehst, ißt, Deine Gesten, Deine Körperhaltung usw. Tue dies sooft wie möglich. Du wirst langsam eine Veränderung in Dir spüren. Bewegungen mögen zielgerichteter werden, das Gehen müheloser, Deine Haltung aufrechter und Deine Handlungen aufrichtiger, das Essen langsamer – alles wird sich mehr und mehr entspannen und Dir letztlich mehr Freude bereiten.

Lausche dann aufmerksam Deinen Gedanken. Setze Dich einmal fünfzehn Minuten hin, schließe die Augen und «höre» Deinem Verstand zu. Verfolge Deine Gedanken zu ihrem Ursprung zurück. Wo beginnen sie, wo enden sie, wo wechseln sie? Du wirst vielleicht mit Erschrecken feststellen, daß sich eine Flut von Gedanken ununterbrochen über Dich ergießt und natürlich Dein ganzes Fühlen und Tun beeinflußt.

Aufgrund des aufmerksamen Wahrnehmens wird sich Dein Denken ordnen und beruhigen.
Der nächste Schritt ist, Deine Aufmerksamkeit auf Deine Gefühle zu richten: Was fühlst Du? Wo begann das Gefühl? Was war der Gedanke, der das Gefühl auslöste? Oder war da nur ein diffuses Unwohlsein, ohne einen Namen zu haben? Wann kristallisierte sich aus dem nebulösen Unwohlsein ein eindeutiges Gefühl? Je wacher Du bist, desto besser und tiefer wirst Du schauen können. Durch aufmerksames Beobachten werden Dir notwendige Veränderungen als logische Konsequenzen von selbst «passieren».
Je mehr Übung Du hast, desto schneller werden Dir die Ursachen Deiner Handlungen klarwerden, noch bevor Du reagierst. Ein großer Fortschritt, denn jetzt hast Du die Möglichkeit zu entscheiden: Will ich meinem ersten Impuls zu handeln nachgeben oder nicht? Später wirst Du bereits kleinste emotionale Veränderungen und Feinheiten wahrnehmen. Du bist vorbereitet und reagierst nicht mehr automatisch.
Aufmerksamkeit mag Dir anfänglich als sehr anstrengend erscheinen, aber was tatsächlich mühevoll erscheint, ist der Kampf des Verstandes um seine Erhaltung. Er möchte sich nicht verändern. Wenn Du den Willen zu sehr einschaltest oder Deine Unaufmerksamkeit bekämpfst, verhinderst Du das mühelose Erreichen Deines Zieles. Bist Du im Aufmerksamsein geübt, wird es immer leichter werden. Mühe und Anspannung werden nach und nach verschwinden. Schließlich wird es Dein natürlicher Zustand. Der Vergleich mit dem Erlernen des Schwimmens bietet sich an: Anfangs ist es äußerst schwierig, sich über Wasser zu halten, nach einigem Üben geht's immer leichter, bis es endlich selbstverständlich geworden ist.

Rückkehr zur «Ein-heit»: Meditation

Der Verstand geht immer vom Bekannten aus. Niemals wird er je in das Unbekannte, das Zeitlose, in die Wahrheit vorstoßen. Alles Denken kommt aus Vergangenem, dem Bekannten, unserem gesammelten Wissen. Nur, wenn der Verstand ruht, alle Gedanken schweigen, entsteht Stille. Eine Stille (und wenn sie auch nur für einen kurzen Moment

währt), die unsere Probleme, Gefühle, Wünsche, Ideale, Urteile verschwinden läßt und statt dessen reine Wahrnehmung erlaubt.
In diesem Zustand lösen sich alle Deine Ängste, Sorgen, Selbsthaß, Wut, Zorn, Liebe, Freude, Mitleid usw. auf. Statt im Feuer Deiner Emotionen zu brennen, ruhst Du in der Kühle der Gedankenstille. Diese Momente werden Dich an Deinen Urzustand erinnern. In dieser Stille wird sich auch die Zeit auflösen, es gibt keine Dauer mehr. Daher können selbst äußerlich kürzeste Momente dieser Stille zur Ewigkeit werden. Das mag Dir unglaubwürdig erscheinen, denn Du bist darauf trainiert zu agieren, besonders wenn Dir eine Situation problematisch erscheint. Du glaubst, Du müßtest etwas tun, damit sich in Deinem Leben etwas verändert. Das ist AUCH richtig. Doch sinnvolles Tun kann nur aus Momenten des Innehaltens und der Stille geboren werden. Glaube uns nicht, solange Du nicht selbst Deine Erfahrungen gesammelt hast...
Im folgenden Teil wollen wir Dir das Wesen der Meditation und einige Meditationstechniken vorstellen, damit Du sie zur Selbstwahrnehmung, für innere Ruhe und zur Entdeckung Deiner Selbstliebe nutzen kannst.

Teil 4

Meditation, der Schlüssel zu Harmonie im Innen und Außen

Kapitel 12

Das Wesen der Meditation

Was nun ist eigentlich Meditation? Viele exotische Vorstellungen ranken sich um diesen Begriff. Er mag skeptische Falten auf Deine Stirn zaubern. Du denkst an Yogis in den bizarrsten Verrenkungen, an stundenlanges Stillsitzen, an Gurus...

Was wir unter Meditation verstehen sind Techniken, die uns in den Zustand der Meditation führen. Meditation selbst erfordert kein Handeln oder keine Konzentration (kein Hersagen von Mantras, Gebeten, kein Singen bestimmter heiliger Töne, – alles das kann Dir helfen, Dich in diesen Zustand zu bringen). Der Mystiker Osho, ein spiritueller Meister und Erfinder neuartiger Meditationstechniken, sagt über Meditation:

> *«Das erste ist ein entspannter Zustand, kein Kontrollieren des Verstandes, keine Konzentration.*
> *Zweitens: ein einfaches, waches Zuschauen bei allem, was sich abspielt, ohne daß Du Dich einmischst. Du behältst einfach Deine Gedanken im Auge, ganz still. Und dann: keinerlei Urteil, keine Bewertung. Dies sind die drei Dinge: Entspanntheit, Zuschauen, kein Urteil. Dann breitet sich langsam eine große Stille in Dir aus. Alle Bewegung in Dir hört auf. Du bist – aber ohne jegliches Gefühl von ‹Ich bin› – nur leerer Raum.»*

Die Methoden, diesen Zustand zu erreichen, sind vielfältig. Sie kommen fast ausnahmslos aus dem Osten, der sich schon immer mehr der Spiritualität des Menschen als dem Materialismus widmete. Heute treffen sich Osten und Westen, und selbst Spitzenmanager in aller Welt besuchen Meditationsseminare. Wir können nicht mehr von Selbstheilung und Selbstliebe reden, ohne auf die Meditation hinzuweisen.

Wo und wie auch immer Du meditieren wirst – alle Techniken sind nur eine Vorbereitung auf den Zustand der Gedankenstille. Wenn es nur noch das reine Beobachten gibt, ohne

Urteil, ohne Aufzeichnung im Verstand, ohne Trennung herbeizuführen, werden Dir Ursachen und Neues offenbart. Du wirst Deine innere Stimme wieder leichter wahrnehmen und der Stille Deines Wesens lauschen können. Du magst feststellen, daß das einen großen Teil Deines inneren Hungers ausmacht.

Gedankenstille bedeutet natürlich auch, daß Dein Verstand als der Herr im Haus abtreten und wieder in die ihm gemäße Rolle des Dieners verwiesen wird. Natürlich wird er sich gründlich wehren. Schließlich heißt Dein Wunsch nach dem Ende der Gedanken für den Verstand, sich selbst das Ende zu wünschen! Wer macht sich schon gerne selbst arbeitslos? Einheit mit der Wirklichkeit und die so schmerzlich vermißte Harmonie mit Dir, Deinen Mitmenschen, Deiner Umwelt, der Natur ist nur über die Stille des Geistes erlebbar.

Einheit mit der Wirklichkeit und die so schmerzlich vermißte Harmonie mit Dir, Deinen Mitmenschen, Deiner Umwelt, der Natur, ist nur über die Stille des Geistes erlebbar.

Und ganz nebenbei entspannt und regeneriert sich Dein Körper, stärkt sich Dein Immunsystem, verbessert sich Deine Gesundheit. In den Zeiten, da Du Deinen Verstand nutzt, wird er klarer, frischer, aufnahmefähiger und präziser sein. Du wirst «Ein-sichten» haben, da Du Dich selbst beobachtest und aufmerksam bist. Auch Deinen Gefühlen und Launen wirst Du nicht mehr so sehr ausgeliefert sein.

Da sich Dein Geist erfrischt und nicht mehr monoton und mechanisch arbeitet, wirst Du schöpferischer sein können. Aus diesem Grund malen, dichten, schreiben, töpfern usw. Menschen: Sie schaffen sich eine meditative Atmosphäre, die ihnen Gelegenheit zur Innenschau, Stille und Ausdruck ihrer Gefühle und Gedanken gibt.

Es geht in der Meditation ja nicht darum, irgendwo anders hinzukommen oder ein anderer zu werden, sondern darum, dort zu sein, wo Du gerade bist!

Willst Du Deinen Alltag mehr und mehr meditativ erleben, mußt Du Meditation zunächst gezielt üben. Gleich welche Technik Du bevorzugst, zwinge Dich zu nichts. Meditiere nicht in der Absicht, um unbedingt ewige Gedankenstille, Glückseligkeit, Allwissenheit, Omnipräsenz oder Erleuchtung erlangen zu wollen. Damit verstärkst Du nur das Denken! Sei spielerisch und habe Geduld. Wenn Dir eine Meditationsübung nicht zusagt, gehe zu einer anderen über. Irgendwann wirst Du Deine Technik gefunden haben. Bleibe

aber eine Weile bei einer Technik, denn die positiven Veränderungen zeigen sich oft erst nach einiger Zeit.
Anfangs mag es sogar so sein, daß Du schockiert bist, wenn Dir bewußt wird, wie sehr Du Deinen Körper verspannst, wie unablässig Deine Gedanken strömen, wie empfindsam Deine Gefühle sind – vielleicht zum ersten Mal. Doch bedenke und honoriere, daß Du jetzt endlich wahrnimmst, was schon immer da war. Es geht in der Meditation ja nicht darum, irgendwo anders hinzukommen oder ein anderer zu werden, sondern darum, dort zu sein, wo Du gerade bist! Laß uns nun zum praktischen Teil übergehen.

Kapitel 13

Die Praxis der Meditation

Du solltest Dir für alle Meditationsübungen einige wichtige Voraussetzungen schaffen:

- Achte darauf, daß Du während der Zeit Deiner Meditation nicht gestört wirst. Meditation kommt aus der Stille, also sorge für Ruhe. Stell das Telefon ab oder auf leise. Vereinbare mit den Menschen, die mit Dir wohnen, daß Du für einen bestimmten Zeitraum nicht gestört werden möchtest, oder lade sie ein, mit Dir zu meditieren. Falls Du im Freien meditierst, achte darauf, daß du nicht von neugierigen oder unsensiblen Mitmenschen belästigt wirst.
- Meditiere anfangs zu einer bestimmten Tageszeit, am besten morgens nach dem Aufstehen oder abends vor dem Schlafengehen. Das erleichtert Dir die tägliche Entscheidungsschwierigkeit.
- Suche Dir einen festen Platz in Deiner Wohnung oder in der Natur, einen Platz, an dem Du Dich wohl fühlst. Meditiere nicht mitten im Chaos Deines Arbeitszimmers. Äußere Ordnung wird Dir helfen, Dein Innenleben in Ordnung zu bringen. Das Licht im Raum soll nicht zu hell (grell) oder zu dunkel (Schlafatmosphäre) sein.
- Als Hilfsmittel kannst Du, wie schon die alten Kulturen und spirituellen Schulen, die Meditation jahrtausendelang praktizieren, folgende Dinge sehr hilfreich nutzen:
  - Kerzenlicht,
  - eine Duftlampe mit bewußtseinserweiternden und entspannenden Düften (Weihrauch, Sandelholz, Myrrhe, Ysop),
  - meditationsfördernde Farben (violett) mittels Farblampen,
  - meditative, ruhige Musik (Kassetten mit spezieller Musik, die zeitlich und rhythmisch exakt für bestimmte Meditationen produziert sind. Hinweise zu spezieller Literatur zur Meditation und Musik findest Du im Anhang).

- Prinzipiell kannst Du in jeder Haltung meditieren. Du brauchst Dich nicht in den perfekten Lotossitz zwingen, wenn Dein Körper dafür zu unbeweglich ist. Meditation soll keine Qual für Dich sein! Im Liegen besteht allerdings die Gefahr, daß Du einschläfst, vor allem wenn Du nach einem anstrengenden Arbeitstag meditierst. Nach der Erfahrung vieler MeditiererInnen ist das Sitzen die geeignetste Position. Egal ob Du auf einem Stuhl, auf einem Kissen oder einer speziellen Meditationsbank sitzt, achte darauf, daß Dein Rücken gerade ist. Lehne Dich möglichst nicht an.
- Wähle lockere, bequeme Kleidung und ziehe warme Sokken an, damit Du keine kalten Füße bekommst.
- Die Dauer Deiner Meditationsübung ist mit Sicherheit abhängig von Deinem Tagesablauf und den damit verbundenen Verpflichtungen und Freiräumen. Doch auch wenn Dein Tag vollgestopft ist mit Terminen, gönne Dir den Luxus, wenigstens fünf oder zehn Minuten am Tag nach innen zu gehen. Mache Dir keinen Streß, indem Du denkst, Du solltest öfter oder länger meditieren. Wenn Du Freude und Spaß am Meditieren hast und die positiven Auswirkungen auf Deinen Alltag spüren kannst, wirst Du Dir automatisch mehr Zeit dafür nehmen!
- Suche Dir aus dem vielfältigen Angebot diejenige Meditationstechnik aus, die Deinem Temperament, Deiner momentanen Situation, Deinen Neigungen und religiösen Überzeugungen entspricht.

Meditationstechniken

Grundsätzlich können wir aktive und stille, gegenständliche (das heißt auf äußere Objekte, Worte, Töne usw. gerichtete) und ungegenständliche (nach innen, zum Beispiel auf den eigenen Atem, gerichtete) Meditationen unterscheiden. Anfangs kann es äußerst hilfreich sein, einen Lehrer zu suchen, ein Meditationsseminar zu besuchen oder Dich einem Kreis von Menschen anzuschließen, die regelmäßig meditieren.

Wir stellen Dir jetzt aus einer Vielzahl von Möglichkeiten vier Meditationstechniken vor, die Du problemlos zu Hause alleine ausüben kannst:

Kundalini- oder Schüttelmeditation

Diese Meditation des Mystikers Osho eignet sich besonders für Dich, wenn Du viel Unruhe und Hektik in Dir spürst und deshalb nicht problemlos still sitzen kannst. Sie ist als Abendmeditation zum «Abschütteln» des Tages gedacht. Sie hat vier Phasen von je fünfzehn Minuten und ist mit spezieller Musik als Kassette erhältlich.

1. Phase: Schütteln
Du stehst mit den Füßen ungefähr schulterbreit und parallel auf dem Boden. Deine Knie sind locker, die Augen geschlossen oder offen. Langsam beginnst Du von den Beinen her Deinen Körper zu schütteln, das Becken, die Schultern, die Arme und Hände, auch den Kopf. Das Gesicht und vor allem den Mund locker laßen. Laß das Schütteln langsam stärker werden, bis Dein ganzer Körper davon erfaßt wird.

2. Phase: Tanzen
Erlaube Deinem Körper, sich so zu bewegen, wie er möchte. Tanze, wie immer Du möchtest.

3. Phase: Still sitzen
Du kannst in dieser Phase still sitzen oder stehen. Schließe auf jeden Fall Deine Augen und und beobachte, was in Dir vorgeht.

4. Phase: Ruhen
Halte Deine Augen geschlossen. Lege Dich hin und sei einfach still.

Vipassana-Meditation

Diese Meditation ist sehr alt, Buddha hat sie seinen Schülern gegeben. Sie ist so einfach, daß jedes Kind sie machen kann. Vipassana bedeutet, den Atem zu beobachten. Die Meditation hat zwei Phasen:

1. Sitzen
Finde eine Position, in der Du bequem vierzig bis sechzig Minuten sitzen kannst. Ob Du im perfekten Lotussitz oder

auf einem Stuhl, einem Meditationskissen oder einer Meditationsbank sitzt, ist dabei nicht so wichtig. Halte Deine Augen geschlossen und atme ganz normal. Sitze während der ganzen Zeit möglichst bewegungslos, wechsle Deine Position nur dann, wenn es unbedingt nötig ist.
Beobachte, wie sich beim Ein- und Ausatmen Dein Bauch nach außen wölbt und wieder einzieht. Dieses Beobachten geschieht völlig mühelos, es ist keine Konzentrationstechnik! Deine Aufmerksamkeit wird immer wieder zu anderen Dingen wandern – Gedanken, Gefühlen, Körpersensationen, Eindrücken von außen... Daran ist nichts falsch. Beobachte diese Dinge einfach und kehre dann wieder mit Deiner Aufmerksamkeit zu Deinem Atem zurück.

2. Gehen
Für zwanzig bis dreißig Minuten gehst Du sehr langsam (im Zeitlupentempo), wobei Deine Aufmerksamkeit sich darauf richtet, wie Deine Füße den Boden berühren. Rolle den Fuß von den Fersen zu den Zehen hin ab. Deine Augen blicken etwa zwei Schritte vor Dir auf den Boden. Du fixierst nichts Bestimmtes, Dein Blick ist ganz weich. Wenn andere Dinge in Dein Bewußtsein kommen, beobachte sie und kehre dann wieder mit Deiner Aufmerksamkeit zu Deinen Füßen zurück.

Kerzenmeditation

Wenn Du mehr Licht in Dein Leben bringen willst, kannst Du diese Meditationstechnik anwenden. Dunkle den Raum ab, zünde eine Kerze an, setze Dich vor sie und schaue in ihre Flamme. Dein Atem ist dabei ganz entspannt und ruhig. Nimm mit jedem Einatmen das goldene Licht der Kerze in Dich auf und laß es dorthin in Deinen Körper strömen, wo Du es am meisten brauchst, wo am meisten «Dunkelheit» ist. Das mag im Kopf sein, wo trübe Gedanken Dich quälen, oder in Deinen Rücken, der schmerzt... Mit jedem Einatmen wird es dort heller.
Beim Ausatmen stell Dir vor, daß Du Deine Schmerzen, Sorgen, Verspannungen, Unruhe, Leid oder Angst ausatmest.

Musikmeditation

Verwende zu dieser Meditation am besten klassische Musik oder spezielle Meditationsmusik, die in einer Vielzahl im Handel erhältlich ist. (Wir weisen im Anhang auf geeignete Kassetten/CDs hin.)
Höre Dir das Musikstück zunächst einmal ganz bewußt an. Stell Dir vor, Du könntest nicht nur mit den Ohren, sondern durch jede Pore Deiner Haut die Musik wahrnehmen. Laß Dich von den Klängen durchspülen.
In einem zweiten Durchgang höre nicht auf die einzelnen Töne, sondern auf die Zwischenräume, die Pausen. Wenn zwischen den verschiedenen Klängen und Tönen keine Pausen wären, dann wäre die Musik keine Musik, sondern lediglich Lärm. Wenn Du den Schwerpunkt Deiner Hörerfahrung auf die Pausen legst, wirst Du einen ganz neuen Musikgenuß und eine tiefe Entspannung erfahren.

Meditation im Alltag

Wie das Atmen ganz natürlicher Bestandteil Deines Lebens ist, so sollte auch Meditation in Deinen Alltag integriert sein. Solange Du nur ein- oder zweimal in der Woche meditierst und ansonsten völlig unbewußt lebst, hat Deine Meditation keinen großen Nutzen. Du wirst immer wieder in Deine alten Verhaltensweisen zurückfallen, das Beobachten und Deinen Vorsatz, daß Du Dein bester Freund sein willst, vergessen. Meditation ist die Kunst, in kleinen, alltäglichen Dingen wachsam zu sein. Die folgende Geschichte mag Dir das erläutern:

Meditation ist die Kunst, in kleinen, alltäglichen Dingen wachsam zu sein.

> *Vor vielen Jahren nahm ich an einem Seminar teil, an dem ich die orientalische Diagnose im Rahmen einer Shiatsu-Ausbildung erlernen wollte. Der Kursleiter, der japanische Shiatsu-Meister Ohashi, kam am ersten Abend in den Kursraum und begrüßte uns. Dann hielt er drei Schuhe hoch. «Vor dem Raum liegen Eure Schuhe. Die Hälfte davon liegen achtlos hingeworfen aufeinander, als ob ihr sie nicht mögt. Es sieht nicht danach aus, daß ihr auf Eure Kleidung achtet. Doch*

eure Schuhe sind ein Teil von Euch, und sogar ein wichtiger», sagte er.
«Und dann schaue ich mir diese drei Schuhe an. Die Träger gehen sehr unbewußt und zerstörerisch mit ihren Dingen um. Die Schuhe sind schmutzig, hier ist bereits ein Loch in der Sohle, dort der Absatz ganz einseitig abgelaufen!» Verunsichert blickten die Eigentümer der Schuhe vor sich auf den Boden. Hoffentlich fragt er nicht, wem sie gehören...
«Wenn ihr so unbewußt, nachlässig und grob mit Euren Schuhen umgeht, wie geht ihr dann mit Euren Gefühlen, Eurem Körper, Euren Beziehungen um? Wie wollt ihr das Heilen anderer lernen, wenn ihr Euch selbst nicht liebevoll behandelt...?»

Was immer Du tust, tue es bewußt, ohne Hektik, ohne mit Deinen Gedanken irgendwo anders zu sein. Lebe den Moment so intensiv wie möglich.

Bringe Meditation (=Achtsamkeit) immer mehr in Deinen Alltag ein. Wenn Du gehst, gehe langsam, Schritt für Schritt. Wenn Du kochst, tue es entspannt und liebevoll. Wenn Du ißt, genieße jeden Bissen ohne Dich von anderen Dingen ablenken zu lassen. Wenn Du in Deinem Auto fährst, spüre seine Vibrationen, höre auf seine Geräusche. Wenn Du einschläfst, spüre, wie sich Dein Körper entspannt, Dein Geist verlangsamt. Was immer Du tust, tue es bewußt, ohne Hektik, ohne mit Deinen Gedanken irgendwo anders zu sein. Lebe den Moment so intensiv wie möglich, und er wird Dir zur Quelle ständiger Freude werden. Sei dort, wo Du gerade bist, und Du wirst die Magie des Alltags entdecken.
Meditation ist der Schlüssel zu einem erfüllten Leben, der Schlüssel zu Deinem wirklichen Wesen.

Ausklang

Wir möchten mit einer kurzen Geschichte dieses Buch ausklingen lassen. Sie ist unvollständig, das vorab.
Ein König saß in seinem Schloß und merkte die Zeit nahen, da er sich seinen Aufgaben nicht mehr widmen konnte. Er wollte sein Reich, den Frieden und das Wohlergehen seines Volkes in guten Händen wissen.
Er hatte drei Söhne, die ihm alle lieb waren. Doch konnte er seinen Thron und die damit verbundene Verantwortung nur einem geben. Dem geeignetsten.
So rief er alle drei zu sich und sprach zu ihnen: «*Ich werde bald meinen Thron an einen von euch abgeben, da ich mich zu alt und müde fühle. Bevor ich von Euch gehe, möchte ich meine Untertanen einem von Euch anvertrauen. Ich gebe Euch ein Jahr Zeit, auf eine Reise zu gehen. Bringt mir von euren Reisen mit, was euch als das Wichtigste für euer künftiges Amt erscheint, damit ich sehen kann, wer des Thrones am würdigsten ist. Ihr werdet nichts mit euch nehmen dürfen, sondern mit bloßen Händen gehen.*» So sprach er und entließ seine drei Söhne noch am selben Tag.

Ein Jahr später kamen die Söhne gleichzeitig auf den Tag genau zurück. Alle hatten das Reich bereist und etwas gefunden, was den König davon überzeugen sollte, sie wären der geeignetste Herrscher des Reichs.
Der erste Sohn ließ das ganze Schloß mit Perlen, Edelsteinen, Gold und Geld füllen und berichtete seinem Vater: «*Ich bin hinausgezogen und wurde ein Kaufmann. Innerhalb dieses Jahres habe ich so viele Schätze gesammelt wie kein anderer in Deinem Reich. Ich kann unserem Volk unendlichen Reichtum und Wohlstand bieten.*»
Der zweite Sohn kam in einer Ritterrüstung und hatte so viele Krieger dabei, daß sie nicht in das Schloß paßten. Er berichtete: «*Ich bin Krieger geworden und habe alle Feinde auf meinem Weg besiegt. Heute stehe ich hier mit der größten Streitmacht weit und breit und kann unser Reich gegen jeden Feind verteidigen.*»
Der dritte Sohn . . .

...vervollständige selbst die Geschichte. Laß Deiner Phantasie freien Lauf. Was wird der dritte Sohn von seiner Reise mitbringen, und wer erweist sich aufgrund Deiner Geschichte als der würdige Nachfolger des Königs?

Anhang

Lese- und Musikempfehlungen

Literatur zur Lebenshilfe

Sag nicht ja, wenn Du nein sagen willst – H. Fensterheimer/ J. Baer, Goldmann, München
Alleinsein als Chance, Wege aus der Einsamkeit – J. von Scheidt/R. Zenhäuser, Mosaik, München
Angst, Wut & Schmerz – F. Simon, Lucy Körner Verlag, Fellbach
Der Flirt mit der Negativität – F. Simon, Simon + Leutner, Berlin
Wohin mit meiner Wut? – H.G. Lerner, Fischer, Frankfurt
Drehbuch für Meisterschaft im Leben – R. Smothermon, Context, Bielefeld
Harmonische Ernährung – D.O. Weise, Goldmann, München
Körpertypen – R. Bäuerle, Simon + Leutner, Berlin
Krankheit als Weg – Th. Dethlefsen, Goldmann, München
Anleitung zum Unglücklichsein – P. Watzlawik, Piper
Leben – J. Krishnamurti, Fischer, Frankfurt
Jenseits der Gewalt – J. Krishnamurti, Fischer, Frankfurt
Esoterische Psychologie – Osho Verlag, Köln/Mingus, Zürich

Literatur zur Meditation

Meditation – W. von Rohr, Goldmann Verlag
Meditation, die erste und letzte Freiheit – Osho Verlag, Köln/ Mingus, Zürich

Musik zur Meditation

Kundalini/ Vipassana (MC) – Osho Verlag
Mystic Landscapes (MC/CD) – K. Wiese, T. de Jong, Edition Akasha
Shamanic Dream (MC) – Spiritual Environment, Meistersinger
The Fairy Ring (MC) – M. Rowland, Oreade, NL
Cicada (MC/CD) – C. Deuter, Kuckuck Musikverlag
Nirvana Road (MC) – C. Deuter, Kuckuck Musikverlag

Übrigens ...
unsere Fortsetzung der Geschichte lautet so: Der dritte Sohn kam mit leeren Händen wieder. Er stellte überall im Schloß Kerzen auf, so daß es am Abend hell erleuchtet war und eine wohlige Wärme alle Räume erfüllte.
Er berichtete: «*Ich bin viel gereist und habe viele interessante Menschen getroffen. Verrückte, Weise, Spieler, Dichter, Heilige und Sünder, Reiche und Arme. Von jedem konnte ich etwas lernen. Dabei habe ich mich gefunden. Die brennenden Kerzen im Schloß sollen für die Liebe in meinem Herzen stehen, das Wichtigste, das ich unserem Volk geben kann.*»
Da wußte der König, wem er sein Reich übergeben sollte.

Über die Autoren

Erich Keller,
geb. 1949, war Betriebswirt und begann mit dreißig Jahren einen Studienversuch im Bereich Grafik, das Leben als freischaffender Maler, Lebenskünstler und die Suche nach sich. Sie führte ihn sieben Jahre in verschiedene spirituelle, therapeutische Kommunen in Indien, Deutschland und den USA. Danach lebte er drei Jahre in Santa Fee (USA). Dort begann er sich unter anderem mit der Aromatherapie zu beschäftigen und schrieb drei Bücher (*Das Handbuch der ätherischen Öle, Essenzen der Schönheit* – beide Goldmann Verlag, München, und *Duft und Gemüt,* Fischer-Verlag, Münsingen-Bern). Seit 1991 lebt er wieder in Deutschland und führt unter anderem Seminare für Aromatherapie durch.

Ulrike Dahm,
geb. 1954, war sechs Jahre Sonderpädagogin bevor sie in den USA in Massage, psychischer Massage, Energiearbeit und Shiatsu ausgebildet wurde. Sie arbeitet in ihren Kursen mit Musik, Massage und Meditation. Sie ist Autorin des Buches *Abenteuer Tarot,* das im Herbst 1992 im Heyne Verlag erschienen ist.

Das Schreiben dieses Buches, so die Autoren, bereicherte beider Leben auf vielen Ebenen. Es spiegelt die Erfahrungen ihrer Therapiegruppen als Teilnehmer und Gruppenleiter in den letzten zehn Jahren wider.

Ulrike Dahm veranstaltet auch Seminare zum Thema «Sei Dein bester Freund». Wegen Informationen wenden Sie sich bitte an folgende Adresse:

Ulrike Dahm
Pienzenauerstraße 6
D-8019 Glonn
Telefon 08093-5663